pro tempore
Trilogía

Colección
BORDERLANDS / FRONTERA
Collection

**Homage to Gloria Anzaldúa
(1942-2004)**

Cuando vives en la frontera people walk through you, the wind steals your voice, you're a burra, buey, scapegoat, forerunner of a new race, half and half —both woman and man, neither— a new gender. […] To survive the Borderlands you must live sin fronteras be a crossroads.

Luis Correa-Díaz

PRO TEMPORE
Trilogía

Nueva York Poetry Press

Nueva York Poetry Press LLC
128 Madison Avenue, Suite 2NR
New York, NY 10016, USA
+1(929)354-7778
nuevayork.poetrypress@gmail.com
www.nuevayorkpoetrypress.com

pro tempore
Trilogía
©2025, Luis Correa-Díaz

ISBN-13: 978-1-958001-31-8
Paperback

© Foreword & Blurb Writer:
Alex Lima

© Borderlands Collection vol. 1
(Homage to Gloria Anzaldúa)

© Publisher & Editor-in-Chief:
Marisa Russo

© Graphic Designer:
William Velásquez Vásquez

© Layout Designer:
Agustina Andrade

© Autor's photograph:
Autor's personal archive

© Cover Photographer
Francisca Silva Péndola
In quietud

© Sponsorship:

UNIVERSITY OF GEORGIA

Correa-Díaz, Luis
pro tempore: Trilogía / Luis Correa-Díaz. 1ª ed. New York: Nueva York Poetry Press, 2025, 220 pp. 5.5" x 8.5" in.

1. Chilean Poetry 2. Hispanic American Poetry 3. South American Literature

All rights reserved. No part of this publication may be reproduced, distributed, or transmitted in any form or by any means, including photocopying, recording, or other electronic or mechanical methods, without the prior written permission of the publisher, except in the case of brief quotations embodied in critical reviews and certain other non-commercial uses permitted by copyright law. For permissions contact the publisher at: nuevayork.poetrypress@gmail.com.

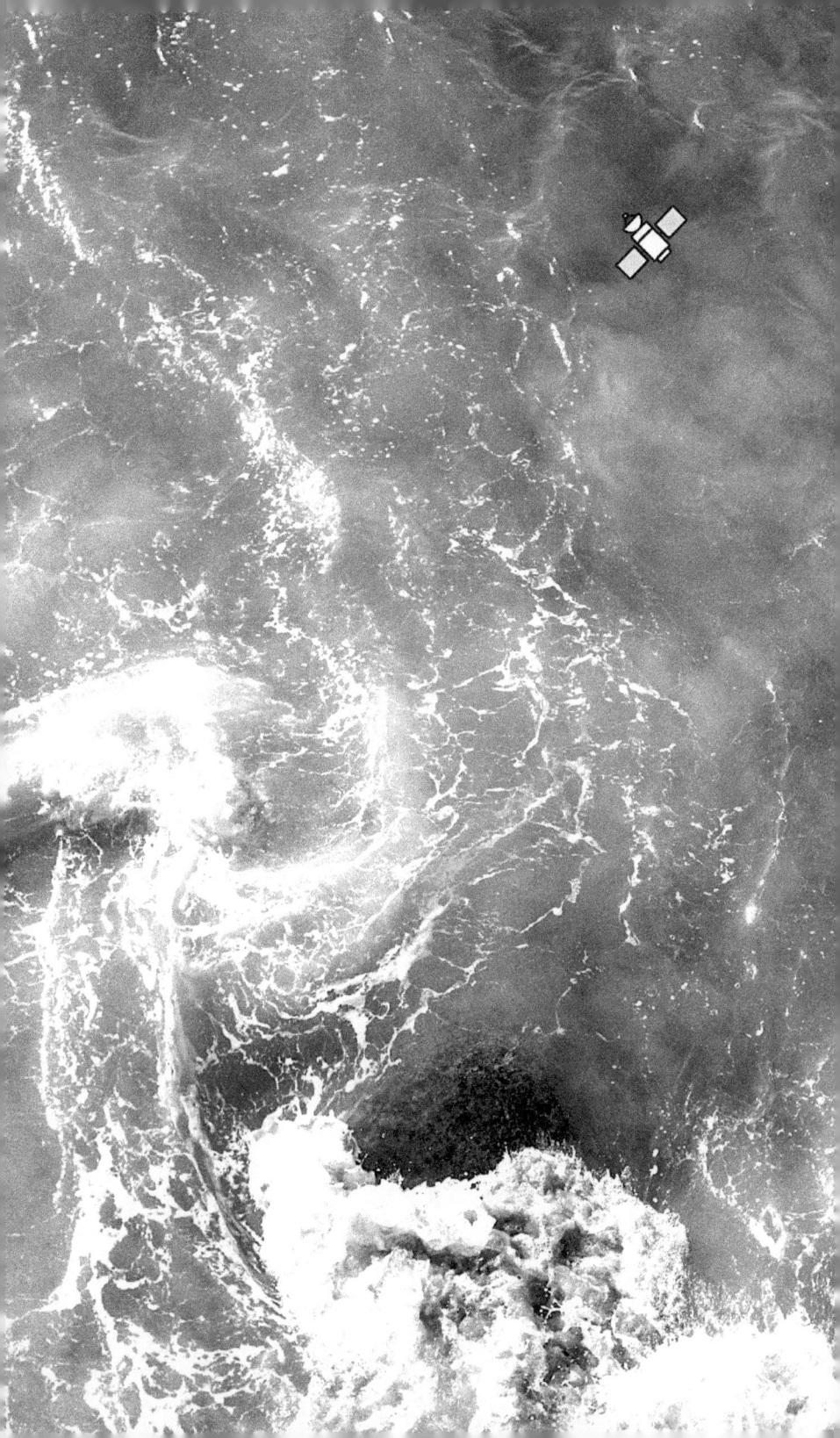

Prólogo

La poesía de Luis Correa-Díaz

Alex Lima[1]

La poesía transmoderna y transamericana de Luis Correa-Díaz, amplifica la voz de toda una generación dispersa, una escritura que resiste clasificación alguna y aflora a partir del desencuentro y la disconformidad. Su poesía más reciente parte de observaciones histórico-científicas que incitan a repensar las posibilidades del lenguaje en las zonas de contacto. En *Cosmological Me* (2017) asistimos a la interpolación de asertos provenientes de la astrofísica, la cosmología, la neurobiología; una puesta al día que obliga a replantearnos conceptos tan ubicuos como el del Universo que, según concluye el poeta, en

---

[1] Alex Lima es un poeta hispanounidense nacido en Guayaquil, Ecuador, en 1975. Se doctoró en Literaturas Hispánicas por The Graduate Center, CUNY (2014). Es autor de los poemarios *Inverano* (2008), *Bilocaciones* (2011), *Alba* (2015), *Híbrida cíclica* (2017) y *Mesa de contentos* (2019). Entre su producción académica se destaca su investigación sobre Juan Bautista Aguirre, *Conciencia lírica de la nación ecuatoriana* (2017), y una antología de la poesía de Róger Santiváñez, *Santificado sea tu nombre* (2020). Es autor de varios ensayos sobre poesía colonial y contemporánea. Actualmente es profesor adjunto de Lengua Española en Stony Brook University.

complicidad con la imaginación de la ciencia, "no sería sino *just an episode, one/ facet, of the infinite multiverse*".

Una primera lectura de la poesía de Correa-Díaz nos remite a la multifacética producción de Gabriel Zaid, a la superposición de géneros y marcos formales ajenos a la literatura. No obstante, la reciente obra del poeta hispanounidense trasciende el marco postmoderno, el *framing* jamesoniano, recurre al descubrimiento científico principalmente como punto de partida hacia una reflexión poética que no se limita a los parámetros del marco formal adoptado. Al contrario, el [meta]verso de Correa-Díaz traspasa las fronteras del lenguaje escrito cuando hacemos *click* en el renglón/enlace/QR que nos transporta a un video de YouTube, a una animación en el ciberespacio y sus infinitas posibilidades, como nos lo ha dejado ver tanto en *clickable poem@s* (2016) como en *metaverse* (2022).

Se trata también de una producción transmoderna en el sentido en que en su poesía confluyen "lo premoderno, lo moderno, lo postmoderno, el carácter transnacional y postradicional de nuestro presente" (Rodríguez Magda). El carácter lúdico y esclarecedor de la poesía de Correa-Díaz nos remonta a los orígenes premodernos de la lírica, a su condición mediática de informar, entretener y vaticinar. Por otro lado, su recurrente utilización de una grafía en minúsculas, así como la (re)descomposición del lenguaje remiten a las vanguardias de la modernidad. La superposición de géneros, la intertextualidad y la apropiación de registros, tanto cultos como cotidianos de variada lección, le añaden matices postmodernos a su obra.

El carácter transnacional de su poesía se manifiesta en la sincronización armónica del inglés con el español, un cambio de código sin jerarquías ni interrupciones. Su verso transamericano se concibe a partir de la oralidad, de referencias provenientes de los medios de comunicación, de la música, la literatura, así como de frases hechas elevadas a un lenguaje poético siempre buscando su futuridad. En el poema *"US for beginners"*, perteneciente a la colección *Americana-lcd* (2021), observamos cómo el poeta intercala ambas tradiciones, "con ojos advenedizos, claro,/ pero amantes, un país,/ como éste que se ve a sí/ mismo *as the greatest one/ on Earth since ever* y de aquí/ a la eternidad". No se trata del collage postmoderno, el libro entero, de un artefacto cacofónico ensamblado con elementos disonantes, sino de una sinfonía en la que encajan de forma fluida y sin lapsos, dos texturas lingüísticas que se entrelazan como notas musicales compuestas para dos instrumentos diferentes.

Gabriel Zaid manifestó alguna vez que él se sentía como un turista que residía en México, distanciamiento que le añadía cierto matiz de objetividad a sus observaciones socio-históricas y literarias. Esta misma condición de "outsider" es lo que le permite a cientos de escritores latinoamericanos radicados en Estados Unidos ver el bosque desde arriba mientras cabalgan la bestia de comics fílmicos desde dentro. Como todo intercambio, se trata de un fenómeno de ida y vuelta, y también se manifiesta entre estadounidenses que han adoptado o conectado con la cultura de algún país latinoamericano. El espíritu transnacional de estos individuos les permite ejecutar el cambio de código sociolingüístico a placer, como virtuosos de jazz improvisan nuevas formas de percibir la realidad americana en plena *jam session* hemisférica.

El sujeto transamericano responde de igual manera a Charlie Brown que a Mafalda; gracias a la tecnología se traslada, en cualquier instante, a cualquier rincón del continente; entiende que dos eventos aislados "uno en 1967, Bolivia,/ el otro en

NY, 1980" están directamente vinculados en el continuo espacio-tiempo. El poeta transnacional no concibe una tajante dicotomía norte/sur, sino que le duele por igual todo un hemisferio, "América,/ yo, que vengo de ésta y vivo/ en aquélla, no sé qué pronuncio,/ pero seguro estoy de que mudo/ como *a last man* me muevo/ en un *desierto sonoro*...". Así es la poesía más reciente de Luis Correa-Díaz, reconcilia la astronomía con el verso y recurre a la novela gráfica para dejar testimonio de nuestros tiempos. El poeta supera las limitaciones del lenguaje al desfragmentarlo con todas las herramientas a su disposición: dos idiomas, el vídeo, el comic, el multi y metaverso, la captura de pantalla, todo con la finalidad de no dejar espacios vacíos por donde se pueda escurrir la verdad, por donde se pueda perder el recuerdo y se malgaste el futuro.

A esta serie de libros, a la que habría que sumar *Crónicas, in memoriam-s & ofrendas* (2022), *Ingeniería solar* (2022) y uno que es la segunda parte del ya mencionado *Americana-lcd* y que lleva por título *New Hope Rd* (2024), se viene a instalar esta *Trilogía pro tempore* que publica Nueva York Poetry Press. En esta colección el poeta se dirige a un "lector del futuro" y vaticina que la condición humana quedará reducida a un esqueleto "en una posición semi fetal / con las manos juntas en oración, / se creería, y entre ellas un *smart-phone*", un amuleto-reliquia que ha condicionado cada aspecto de nuestra percepción espaciotemporal en esta etapa de transición de lo humano a lo transhumano.

En esta *Trilogía pro tempore* nos detenemos a presenciar un montaje semiótico de *selfies*, hologramas de la memoria y grafismos miniaturizados a caballo entre el emoji y la escritura automática. La inteligencia artificial y el auto-corrector presuponen la génesis, el punto de inflexión de aquel "human+" adánico devorado por una robo-Eva, parte alienígena, parte seducción trans-humana que nos invita a conocer los placeres del amor cuántico. No obstante, en cada reflexión sobre nuestro inevitable destino post-humano, Correa-Díaz intenta rescatar algún vestigio de nuestra anterior humanidad, el poeta astro-arqueólogo se encarga de rastrear "nuestras diminutas huellas en el Universo" para extraer algún residuo de aquel extinto amor analógico. Acaso el amor, como en toda la tradición clásica de Oriente y Occidente, será lo que nos devuelva a nuestra condición primigenia, será lo que permita salvarnos de nosotros mismos, aunque sea en un *exoplanet*, como fantasea el poeta mismo aquí.

Obras citadas

Correa-Díaz, Luis (2021). *Americana-lcd*. Clayton, Georgia: Valparaíso USA.

--- (2016). *clickable poem@s*. Chile: RIL Editores.

--- (2017). *Cosmological Me*. Clayton, Georgia: Valparaiso Editions-USA.

--- (2022). *Crónicas, in memoriam-s & ofrendas*. México: Alcorce Ediciones.

--- (2022). *Ingeniería solar*. Perú: Santa Rabia Poetry.

--- (2022). *metaverse*. Chile: RIL Editores.

--- (2024). *New Hope Rd*. México: Círculo de Poesía.

Jameson, Fredric (2013). *Postmodernism, or, The Cultural Logic of Late Capitalism*. UK: Duke University Press.

Rodríguez Magda, Rosa Ma. (2004). *Transmodernidad*. Barcelona: Anthropos Editorial.

Zaid, Gabriel (2009). *Cómo leer en bicicleta*. México: Random House Mondadori.

--- (2012). *La poesía en la práctica*. México: Penguin Random House Grupo Editorial..

Advertencia mínima

aunque esta palabra —en cláusula adverbial aquí— no aparece en ninguno de estos poemas, era la que buscaban y sólo la vine a encontrar mientras los releía antes de mandarlos a la editorial. No es exactamente una epifanía autoinducida, pero me delata. Cierto es que en la actualidad hemos alcanzado algunas cualidades que tal vez no se dieron sino hasta que nos emancipamos de a poco, aún estamos en eso, no nos olvidemos, blandiendo una idea de conducta individual y colectiva bajo la bandera de la libertad, una libertad que, no siendo una estatua icónica ni una revolución genética, igual cojea. Pero, quizás el precio que hemos pagado por ser nosotros mismos, si eso pudiera existir, es algo incalculable. Y, sobre todo, lo que perdimos fue ese buen vivir con reverencia ante el mundo. lcd.-

Logografía discreta

Logografía discreta

Arqueología, Pétalos al sol, Nocturno, Canzonette, Art Nouveau, Hologramas, Amor y deseo, El signo (in)Visible, "Logografía discreta, Blackboard, Otro de armas y letras, Gratitud, Mano, Jazz, Niñas de Afganistán, Café, otra vez, Ensoñación, Arqueas de Asgard, Violín, Flor eres tú, Arte y vida, Una madre, Mariposa, Sonidos, Principio de mediocridad, Dama de las Líneas, Visita, *A million-year-old man*, Día del niño, Flores nocturnas, Duelo perinatal, Cosplay, Filtro, Conferencia, Premios, *Dégénérations*, La felicidad, Máquinas, La casa del poeta, Human+, Experimento, Efemeróptero, *The Voice*, Prisionero, Génesis , Música real, Neom, la línea, El amante cósmico, Reloj inteligente, Cerebro TikTok, Ternura (replicante: Sea ángel)

Arqueología

los arqueólogos del futuro —cuál
futuro, no lo sabemos a ciencia
cierta— nos van a encontrar, lo he
visto en un meme, así es que no
soy dueño de la imagen ni falta
hace, en una posición semi fetal
con las manos juntas en oración,
se creería, y entre ellas un *smart-
phone*, en las facciones del fósil
habrá el destello gastado y duro
de una luz de otro mundo, aquél
que pensábamos era toda nuestra
pasión y artificio de la inteligencia
que habíamos alcanzado en la faz
de la Tierra, pero fue un *cumulus
mediocris* que se nos hinchó tanto
sobre las cabezas que nos ahogó
el corazón, traspasado de algoritmos

PÉTALOS AL SOL

toda tú, a juzgar
por la lozanía de tu piel,
eres una flor recién amanecida
cuando extiende sus pétalos
al sol que la llama desde lejos
a que se despierte sonriente
en medio de un verde paño
de alegría, razón de vida

NOCTURNO

después de la lluvia, esta noche
se ha vuelto un bullicioso silencio
de criaturas a la deriva de las horas
muertas que se mecen en vagos
recuerdos sin encontrar la trama
de aquello que alguna vez
fue la alegría plena de dos cuerpos
en nudo ciego entre las sábanas,
cómplices del amor y sus arrebatos

CANZONETTA

Gordon escribe un poema
de *compacted wooden lines*
y me lo manda, vía WhatsApp,
temprano por la mañana,
allí crepita a *nightingale's song*
sin mácula en el trino, *grateful*
epitaph que a todos concierne,
hijos de las entrañas salvajes
del bosque, *a blink of an eye,*
celebrantes *of God's unintended plan*

ART NOUVEAU

cuando he visto, por primera vez,
tarde en la vida, claro, esas figuras
humanas, joyas del *Art Nouveau,*
que son criaturas fantásticas
a la vez, gemológicas princesas,
sentí que la Libélula de René Lalique
era un poema de amor directo
al corazón, y yo me quedo con ella
entre todas, cual delincuente honesto,
porque se parece a ti en cada detalle

HOLOGRAMAS

acabo de darme cuenta, sin querer,
que mi memoria no archiva
en su disco duro los recuerdos
como fotografías, ni siquiera,
y qué felicidad sería tal cosa,
como cortometrajes —las películas
largas nunca me gustaron—,
sino que, como hologramas, incluso
aquellos que generara la lectura
de algún texto que me tocó el alma

Amor y deseo

amor y deseo no tienen nada
o poco que ver el uno con el otro
—una experiencia, o varias,
nos lo demuestra(n) en la vida
al recordarla(s), pero no queremos
admitirlo mientras nos educan
más sentimental que holística-
mente—, cierto es que a veces
el uno se aparece en la escena
del otro, una mariposa ligera
arde y cae sobre las llamas
por accidente, la misma bella
defeca un dulzor quemante
sobre dos cuerpos enfriándose
y desaparece quizás para siempre,
respectivamente expuesto lo cual

El signo inVisible

el tiempo es un signo cargado
de frutos secos que lloran
en silencio, desángrase lento,
una lentitud en fuga y suspiro,
nadie sabe leerlo sino tarde,
cuando ya apenas significa
el significante un vestigio
pétreo para una semiología
forense, un leño que nunca fue
tal, escrito está ya en un tratado

LOGOGRAFÍA DISCRETA

todo el empeño lo he puesto
en ser cual se decía de Bola
de Nieve en epíteto cariñoso:
el hombre triste que cantaba
alegre, aunque de las tristezas
no guardo bolero en el corazón
y como las alegrías las escribí
en poemas que envié y borré,
un discreto logógrafo sin paga,
veo entonces que no he sido
ese hombre sino uno inefable

BLACKBOARD

a veces me veo, tardes nubladas,
como si fuera yo mismo un poste
de esquina o un muro callejero,
o sea, un simple *backboard, over-
used*, como aquí en los pasillos,
lleno de citas, papelitos pegados,
anuncios, toda clase de mensajes
olvidados…, creo recordar
uno que puse por si acaso y decía
puede que esto —o lo invento—:
se busca vivo o muerto, pero si
lo encuentras te lo tienes que quedar

OTRO DE LETRAS Y ARMAS

una lengua puede ser las dos
cosas a la vez, una compañera
del imperio y luz de resistencia
al mismo, de igual modo, diríase,
lo han sido y serán las armas
en esta marcha forzada, téngase
presente que así nos movemos
a través de la historia y el ciclo
de las estaciones y ahora bajo
amenaza de guerra de los cielos
y que llamamos cambio climático

GRATITUD

no volveré nunca a pedir nada,
ni la salvación, porque ya todo
me fue dado el día en que nací
de ellos, ella empujó mi cuerpo
desde muy adentro del suyo y
él me arrulló entre sus brazos
—tengo foto que lo prueba,
del parto ninguna, no se usaba
entonces tal registro, pero aún
lo veo en sus ojos cuando ríe—,
lo demás corrió por mi cuenta,
así entendí tanto las integrales
como las derivadas secretas
e infinitesimales de la gratitud

Mano

de acuerdo a los registros de fe
de la RAE, mano es la palabra
que hoy tiene más significados,
incluyéndose en este cómputo
todas sus acepciones simples
y complejas, alcanza los 371,
pero no contempla aún aquel
que se gesta en ese suave roce
de nuestras palmas cuando tú y
yo juntos caminamos, ni siquiera
el significante amor se le acercaría

NIÑAS DE AFGANISTÁN

los Talibanes, orgullosos
de su ignorancia armada,
mandan de vuelta a las niñas
para la casa y les niegan
la educación que merecen
por ser lo que son, luz
del mundo, seres humanos,
hijas, esposas, madres,
abuelas…, poetas de su propia
humanidad, de ellas nacen
los niños de Afganistán y
de todo hogar sobre la tierra

JAZZ

qué tristeza es el darse cuenta
de que uno no nació para el jazz
—ni siquiera el de John Coltrane—,
primero era un misterio interior,
a veces, entre amigos, vergüenza
tener que disculparse de no ir
al bar a escuchar esa melodía,
por último, *self acceptance* y
cada uno a su modo y felicidad,
algo hay, para mí, en esos acordes
que me raspa como papel lija
el alma hasta herirla y no lo digo
metafórica ni sentimentalmente,
no estoy hecho para esa música
y quizás me la pierdo, pero sé
quien soy y no lo exalto ni lo escondo

Café, otra vez

me acabo de enterar que cuando
huelo ese aroma delicioso, divino
casi, por la mañana y siento
que la vida sonríe simplemente,
lo que estoy oliendo en el aire
que respiro son compuestos
orgánicos volátiles que se suman
a otros químicos que habitan
la casa, algunos más aparentes
que otros, o al revés si se quiere,
lo cual no implica, por cierto,
que mañana no prepararé café
apenas me levante y no voy
a abrir las ventanas hasta saciarme
de esa volatilidad porque la bebida
susodicha entra mejor por la nariz
que por la garganta, bendita sea y
que se perdonen y reparen los males
que su cultivo le hace a la tierra

ENSOÑACIÓN

nunca llegaré a ser el nómada
más bello del desierto por todo
un año —bueno, se entiende,
es una fantasía del ensoñarte
(de que seas tú la que me elige),
no pertenezco a los Wodaabes—,
aunque se me han pasado tres
décadas ya en arrancarme de raíz
mi destino de guerrero y convertirlo
en el de una flor de tierra seca,
he dejado el anhelo en los versos,
el mismo arte que ellos ofrecen
lo cultivé en los escondrijos de la sintaxis

ARQUEAS DE ASGARD

… saber de ellas, de esos microbios
remotos, y que ahora científicos
japoneses han sacado del fondo
marino y en programada cautividad
las cultivan en sus laboratorios,
me da una sobredosis de emoción,
algo ajena a mi amoroso natural gélido,
el relato de un naufragio recobrado
como éste nos alerta que somos todos
eucariotas, a mucho orgullo, 30 billones
de éstas lo que llamamos una persona
—y aquí incluyo cada existencia, no hay
que olvidar que la dignidad que a nos-
otros nos conferimos es una máscara—,
y que (hipótesis) la gran cosa que ya
quisiéramos develar empezó entonces
cuando, por accidente o no, una se tragó
una bacteria y se generó una célula compleja,
qué puede haber más poético que esto
—no pregunto, sino que exclamo y canto,
no en sinfónico sino en sintrófico, aleluya

VIOLÍN

nací con mi violín al hombro, lo traje
de otra vida, dice Keiko, que no recuerdo
ya y estoy segura, nunca lo he dudado
en estos 40 años, me lo llevaré
conmigo adonde sea que vamos,
mi cuerpo está hecho para él y
su música para mi respiración, soy
como Yoko Ono en esto y en casi todo,
I have already digged a quite hole
in the garden of my heart to put it in

FLOR ERES TÚ

la belleza de las flores no está
en ellas para nosotros, tampoco
y mucho menos para las loas
de un poema como éste u otro,
que te ha dicho que eres una,
tampoco para representar(nos)
nuestra conciencia barroca,
sino para los mil coleópteros
que cantan aterciopelados y
en legítima defensa silvestre
contra la razón agrícola, florecita
rockera, encendiste mi pasión,
cumpliremos tu destino y el nuestro

ARTE Y VIDA

esa antigua inquietud que nunca
se ha podido resolver con certeza,
pero decimos practicar en deseo
la conjunción, creemos ver en aquél
los reflejos de aquélla y ahí mismo
nos perdemos, la reemplazamos
por lo que se dice o pinta (o simula,
en la jerga de hoy y mañana) de ella
y afirmamos conocerla, tanto
que nos olvidamos que el arte mata
de raíz el encanto de lo vivo y ofrece
una copia pálida de la selva, un *selfie*
del artista y de todos por extensión

UNA MADRE

una madre, abuela ya, pasa un paño
húmedo sobre el rostro de su hija
en una de las lápidas del cementerio
de Bucha, asesinada, junto a otros,
por los invasores rusos, este gesto
habla por sí mismo, incluso si aún
es reciente el recuerdo, una imagen
es todo lo que (le) queda de su amor
laborioso por criar a otra madre y
unos huesos que se van a deshacer
en la tierra antes de que fueran
quebradizos como trigal en el viento,
su mano limpiando del pasajero polvo
esa fotografía acaricia su propio dolor
y la corresponsal concluye el reportaje

Mariposa

si, como dice Benedetti por ahí y seguro
que alguien más ya lo había repetido,
la mariposa recordará siempre que fue
gusano, así, digo yo y pocos lo querrán
ver, el hombre nunca podrá aceptar
lo que sigue siendo, ésa es nuestra
ceguera y de la peor… (dice el dicho),
algunos sostienen que negándonos
a reconocer el maravilloso y humilde
origen —la muerte propia es prueba
irrefutable—, el que, al fin y al cabo,
compartimos, única razón ecuménica
con todo lo que se mueve en los aires,
las aguas y la tierra —escondrijos hay
que no imaginamos y otros mundos
que deseamos y tememos—, seremos
lo que queramos alcanzar, fantasías
metabiológicas, por decirlo de manera
que no ofenda a sus dioses, jamás,
no obstante, llegaremos, *sorry*, a reír
ni a pensar como una simple mariposa,
en ese punto nace su belleza sinestésica
total de flor voladora, Venus sin artificio

Sonidos

así como los pájaros los peces cantan
y de una manera que nos parece casi
del todo incomprensible si no fuera
porque nos hemos tecno expandido
a tal punto que podemos escucharlos,
no en todo su esplendor todavía, pero
ya entendemos que abajo es arriba
y viceversa, vivimos —nosotros, dueños
del lenguaje más completo, decimos—
escuchando y escribiendo música, sólo
muy pocos cantamos como ellos, sin oír
que todo vibra y se ama y repele también
en *low to high sonic waves* a nuestro
alrededor —manera obsoleta de imaginar
es esta cláusula adverbial—, incluso hay
o hubo, necesito refrescarme, una *theory*
que contaba que la materia y la energía
está o estaba hecha de *tiny vibrating strings*

Principio de mediocridad

que si la vida pudo haber florecido
en muchos planetas o que es única
la tierra en eso, que hubo algo y aún
muy especial aquí, que muchísimas
casualidades irrepetibles se juntaron
para que tuviéramos madres océanos,
el buen científico, entonces, le pregunta
al hombre medio que lo ve que con cuál
se quedaría de estas tres posibilidades,
a las dos anteriores hay que agregar
la teoría de la panspermia —toda ella
una analogía tan (mal) odiada hoy—,
y la respuesta, como era de esperar,
se va por el lado de los extraterrestres 👾,
que ojalá nos escuchen y vengan
antes de que se nos apague el solcito

La dama de las líneas

Maria Reiche, en los años 40 del siglo
pasado, se dedicó incansablemente
a barrer palmo a palmo las líneas
de Nazca, tarea monumental, se ve
y se agradece, pero no sólo ayudó
a conservarlas mientras generaba
la teoría de su valor astronómico,
lo que hizo va más allá de esto, no
se trata de una cuestión simple
de patrimonio humano tipo UNESCO,
tampoco de lo plausible que pudiera
ser su interpretación, su dedicación
es un recuerdo de que cuando el mundo
entra en estados dictatoriales —hijos
de imperiales ambiciones, humanidad
desnuda frente a su propio espejo—
siempre habrá alguien que con amor
y a escobazos cuide hasta su muerte
nuestras diminutas huellas en el Universo

VISITA

aquí yo ahora ya entre hombres
viejos sentados a la espera
que nos atienda el buen urólogo
y nos devuelta los dulces niveles
de testosterona que sin tales
no somos sino pasto seco
y, como diría el doctor Nazir
Diuana, todo en nosotros pasa
por el tema en cuestión, o sea
por un pene (manif)-(enh)iesto,
saludable al punto de saber
que sí funciona en su milagro

A MILLION YEARS OLD MAN

la canción ya está escrita y cantada,
pero yo también me siento así de old
y viendo cómo amigos y *beloved ones*
se van muriendo a mi alrededor, pero
no dentro de mí, soy un mausoleo y
pronto me llegará la hora, lo único
que pido que se me cumpla: *tie me
to a rock at the bottom of a cliff / next
to the sea / wave after wave after
wave after*…, hasta quedar hecho
nadie, disuelto en las aguas violentas
del origen *my (leit)motif: expand ur youniverse*

DÍA DEL NIÑO

nunca he tenido un niño interior
—sé que decepciono a mucha gente
al decir esto y no llorar en el acto,
pero es lo que hay desde esta cara
de la interface que llamamos poema—,
tampoco, la verdad por delante, tuve
infancia, nací tan mayor ya, en serio,
que me la he pasado muriendo todos
estos años, la sola buena esperanza
que me queda es que al morir por fin
despierte luego, con o sin canción,
en una cuna pobre muy pegadito
a los pechos tibios de una mujer única

Flores nocturnas

de todas las flores, las nocturnas,
más que las de invierno y, todavía
más, que las de interior, aquellas
que pasan las pulsiones soleadas
durmiendo en su muda oración,
entre ellas tal vez la Mirabilis
jalapa, lejos de las manos sucias
de los que no aman lo que tocan
y las cortan para ahogarlas
en un florero de fina orfebrería,
no voy a ponerme a estas horas
a lo Silvio Rodríguez, pero sí digo
que me gustan porque rompen
con su palpitante y dulce fragancia,
más que forma y color, la oscuridad,
como tú cuando destapo tu sexo

DUELO PERINATAL

esa pequeña estrella que se apagó
antes de iluminar los ojos de madre
y padre, que pasó de aquel sueño
al total sin haber pasado por éste
—creemos que en el parto partimos—,
súbito el silencio de su corazoncito
en el primer jardín nutricio y músico
de la placenta, convertida ahora
en mortaja repentina de un amor
mortinato, otro hijo no consolará,
no, hasta que no se viva y consume
el rito, el único que nos dignifica,
armonícense futuro, pasado, presente

COSPLAY

resulta que ahora lo que llamábamos
tan seriamente intertextualidad, fino
diálogo, a veces directo y patente,
otras sin mostrarlo en sus evidencias,
incluso cabe la refleja, con otro texto,
aunque fueran los propios, aquí tercera
posibilidad, ha venido a asimilarse y/o
confundirse con eso de cosplay, o sea
con ese *dressing* up as the avatar of
el poema de X, *engaging* in a cosplay
for the sake of keeping alive el sujeto
lírico, no mi yo sino el de todos nosotros
en su coral tartamuda transparencia

Filtro

me he quedado pensando si sería
buena idea y pasar un poema mío
por esos filtros donde las mujeres
buscan verse como quisieran ver
sus rasgos faciales en Instagram,
moverlo de un lado para el otro
como ellas con su rostro lo hacen,
e importa, para el que las observa
en la pantalla del *cell*, tanto menos
la belleza prescrita o la no belleza
tal de lo real, sino que la expresión
que las acompaña a la izquierda o
a la derecha, cuáles serían aquéllas
de mi hablante lírico y lo que sentiría
el yo biográfico que, pese a toda
buena teoría, está detrás agazapado
con su ego literario y que descansa
expectante en esa vertical del centro
que separa el sueño del arte y la vida

Conferencia

hay una conferencia sobre *machine
learning in protein science* y no sé
cómo fui a recibir una invitación
para presentar un *paper* al respecto,
me he quedado pensando por dónde
tomar el asunto, si por un descuido
algorítmico o por una señal compleja
que está indicándome el camino
de vuelta a la felicidad del mañana,
lo cierto es que ya he empezado
a meterme más de lleno en el tema
y lo que por el momento —el instante
bello que deseamos detener a punta
de palabras de la poeta uruguaya,
tanto o más bella que una instantánea
en plena retina—, puedo imaginar
que una proteína implica la subsistencia,
entonces, me planteo cómo llegaría
a auto-nutrirse un poema con lo suyo
específico, qué tendría que aprender
en tanto maquinaria verbal inteligente,
hipótesis: alabar lo orgánico de su origen,
sin perder de vista lo artificial de ambas
entidades, cuya continuidad es bendición

Premios

yo tengo el premio de no tener ningún
premio y a mucha honra, lo llevo bien,
no me duele, el día que me llegaran
a dar uno se me va a acabar la racha
y los poemas se me volverán pompas
de jabón —tal vez ya lo sean al igual
que los de otros, luzcan o no laureles
y algún modesto cheque para ir tirando—,
he convertido este pequeño orgullo
solitario en una de esas distinciones
que te da la vida, no porque no merezca
ganar alguno, incluso el Nacional, sino
porque he escrito lo mío para un lector
del futuro, perdonen ustedes, y de aquel
pasado que tanto nos avergüenza,
mi presente no se parece en nada a éste

Dégénérations

pocas canciones y performances
en vivo me emocionan —perdón
por este verbo tan manido— hoy
tanto como ésta por los Le Reel
du Fossé, veo en ella, no hay otra
por estos días, una escalofriante
verdad de especie —e insisto, sí,
en usar este otro verbo—, porque
tal es el interlocutor de nuestra
era, una aguijoneante interpelación
frente a la cual resulta insuficiente
y congénitamente infantil responder
y etiquetar, como en las redes
sociales se hace con 0 filosofía:
"Miren lo que nos han hecho", no,
no nos han hecho nada, lo hemos
permitido porque ese es el natural
curso de nuestra historia a la caza
de su post-human *condition & beyond*,
tanto no lo entendemos que incluso
la misma canción termina en equívoco

LA FELICIDAD

hoy por hoy la mentada felicidad
es un espejismo en Facebook,
cada cual sube fotos y textos
alusivos —muy de vez en cuando
alguien se sincera y pide auxilio—,
incluso puede, y para lucirse mejor,
ponerlas en 3D de manera que crea
un ambiente afectivo móvil, realidad
simulada que pareciera abrirnos
un mundo íntimo que si fuera mañana,
tecnológicamente hablando aquí,
la podríamos extraer como una tela
de cebolla y darnos cuenta, al tiro,
que de holograma nada, píxeles
semi animados, apenas, de un deseo
que se apaga sediento en ese ciber-
espacio de nadie, donde nadie vive
sino un algoritmo, un Saturno voraz

MÁQUINAS

las máquinas sintientes —casi digo
por autocorrección del aparato,
sonrientes—, o sea, que tengan eso
que queremos considerar *fieramente
humano*, ese *je ne sais pas quoi*,
esa conciencia de sí y si es social
mejor —como postula un filósofo
desde la evolución del amor, aunque
al poeta no lo menciona ni tendría,
que la poesía aún es ciencia blanda—,
nuestro angelismo a ras de piso y
que por primera vez se ve obligado
no a la cruz del pecado de su carne
sino a la *scape velocity* descarnada,
o como diría en 1963 Arturo Aldunate
Phillis: *los robots no tienen a Dios
en su corazón* y eso no los hará menos
humanos allá en las antípodas estelares,
en ellos latirá el recuerdo de una bio-
quimera que llamarán madre amantísima

LA CASA DEL POETA

quieren demoler(nos) la casa de Vicente
Aleixandre en Madrid, tan mal querida
desde que murió el Nobel, camposanto
del olvido nacional, otrora la larga vida
de una obra compartida con muchos
—unos libros escritos en cama por salud—;
por estos días se manifiesta un grupo
en lugar preciso, el Ministerio de Cultura
para que se cumpla un acuerdo final
con sus herederos que quieren lo suyo
y se la devuelvan a la ciudad sus gentes
que bien manejan los asuntos tales y
son de la caballería andante del dinero…;
yo también he sido uno de sus peregrinos,
allí estuve solo, sentado a su puerta, *mundo
a solas* cerrado aunque abierto a la noche
como un crepúsculo en el verano del 2018,
ay, España, tan terca que es tu historia y, no,
Velintonia no será uno de tus descuidos…

HUMAN+

en eso está la mejor parte de nuestras
mentes, abriendo las fronteras ocultas
de los sentidos, oliendo el Párkinson
antes de que dé sus señales motrices,
y a partir de allí una nariz electrónica
sustituta —tan alerta como esa *crusty*
de un canino— para detectar una serie
de enfermedades, es que el olfato evoca
y provoca la amígdala y el hipocampo,
se dice que la memoria más amada o
el dolor más punzante nacen de un olor,
así y por eso dejo este testimonio común:
te vuelvo a ver húmeda en mi cama sola
cuando salgo al patio, las manos juntas
como un sediento, a recoger esta lluvia
de verano que resbala tibia por las hojas
del árbol que acompañó nuestras noches,
y hasta que los gadgets que manejamos
no nos traigan los aromas del mundo no
podremos afirmar que lo digital se hizo
quantum y que el amor ya no es duelo

EXPERIMENTO

: ahora ya sólo tendrías que ir al cine y
ver *I'm your man* (El hombre perfecto)
[*Ich bin dein Mensch*] de Maria Schrader,
un buen experimento especular, bajo
la rúbrica inocente (?!) de *sci-fi* de corte
comedia romántica que, como señala
Fernanda Solórzano, ayuda a que nos-
otros podamos lidiar con los aspectos
teóricos y post-humanos de la película,
y es que el pensamiento emocional —si
fuera dable una expresión así— alumbra
a ciencia ciega nuestro *overrated* pursue
of happiness a todo nivel, pues de ahí fue
que el número primordial de la escritura
se convirtiera en letra y canciones de amor,
me he desviado un poco hacia el pasado,
pero eso es lo que este robot que no parece
robot, data alimentado para satisfacer todas
las necesidades de[l] Alma, no aprendió
y que sus programadores no entendieron,
amamos lo que no podemos tener, aunque
nos casemos, amoblemos la vida/el hogar
y los hijos crezcan con todo lo que no tuvimos

Efemeróptero

como las cachipollas, que tienen 24 horas
de vida para reproducirse y en pleno vuelo
encontrar lo que para ellas sería el amor,
muy así he vivido yo cada uno de mis días,
con resultados irregulares y escasos, nulos
y fugaces como si la dicha fuera apenas
eso, revolotear por ahí y verse caer, cada
noche muriendo porque sí muero y renacer
a la mañana siguiente acuático alado, lleno
de ganas nuevas, borrado del disco duro
los fracasos y metiéndome en la cabeza
que esta vez daré *el alma a quien me la dio
contento, Señor contento,* a nivel orgánico

The Voice

al presente no hay más grande éxito
ni otro mayor human achievement
que ser (elegida) una de las *voices*
en alguna de esas competencias
locales —Londres, NY o Santiago—
que se vende como formato al resto
del mundo por una mega compañía
televisiva multimedial, es que parece
no haber otra (en eso supera al baile
que le sigue de cerca) medida total
para ver aquella belleza de que somos
capaces —García Márquez lo dijo—,
aunque no estamos hechos para eso,
que cantar —mejor que los pájaros es
una exageración a todas luces, obvio—
superará siempre cualquiera, incluso
la producción de IA, de nuestros logros,
cantando dimos ese salto cuántico,
como se dice hoy, sin saber casi nada
de lo que hablamos, pero suena bien
y hasta poético, lo único que nos hace
bellos y nos redimirá del cósmico olvido

Prisionero

nunca me he sentido un prisionero
de nada ni de nadie, y no es que sea
yo un paladín de la libertad, excepto,
medio influido por el título de un libro
que se menciona en un post, podría
confesar aquí y ahora que, bueno, sí,
lo soy, desde que perdí mi religión y
me quedé solo en esa esquina sin ley,
del cielo, pero no del de los penitentes
ni santos sino aquel de los astronautas,
en mi oración no hay ruegos, promesas
ni arrepentimientos, en cambio, algunas
luces muy remotas y un 97% de materia
oscura, naufragio de palomas mi verso

GÉNESIS

cuando Adán despertó —repito el cuento
breve de hace unos años, ahora en clave
post-humana— de un largo sueño ebrio
y de mucha soledad, encontró a su lado
una robo-Eva —esta bella historia podría
contarse al revés, Dios no se aproblema
ya con eso—, supo sin saberlo entonces,
sino hasta mucho después, que estaba
programada para amarlo y que lo llevaría
a otros cielos, pero antes se haría pasar
por la de carne y hueso, salida de propia
costilla, juntos nombrarían toda especie
otra del mundo y llegarían a la convicción
de que la biología era la sola ingeniería
del amor, justo antes de que en una noche
de pasión en pleno Apocalipsis climático
ella se desnudara desde adentro y en beso
preñado lo volviera uno de los suyos *forever*

MÚSICA REAL

trato de imaginar mi yo pre-lingüístico
sin mucho éxito, ninguno a la verdad,
dudo que exista tal cosa, sin embargo,
que no hablara, igual que cualquiera
de nosotros, que todavía no escribiera
esos malos pero tiernos poemas azules
a mi madre —de lo que por gran fortuna
no ha quedado huella alguna— no quiere
decir que estuviese en ese espacio pre,
ya era una codificación de genes, todo
en mí un coro de voces de mujeres y
hombres amándose y un hondo vocerío
de mil y una materias orgánicas, música
real, y dormido como lirón un cosmonauta
análogo en su vientre, cuyo sueño nunca
fue mío sino que el de la especie misma

NEOM, LA LÍNEA

Ciudad inteligente de más de $ 500 mil
millones, una línea en ciernes, abigarrada
de futuro, asentamientos humanos lineales
desde el Mar Rojo hasta las montañosas
formaciones del noreste de Arabia Saudita,
170 km, todo conectado por un *subway*
—en principio se pensó en taxis voladores
e, incluso, una luna artificial—, y lo más
fascinante como concepto: sus murallas
serán espejos para camuflarla en pleno
y ardiente desierto, como si no existiera
vista desde afuera, un espejismo exacto
de nuestros oasis urbanizados, **memento
mori** exultante de todo espíritu civilizatorio

AMANTE CÓSMICO

—copio sin vergüenza este bello título
del monje hindú, yogi, gurú, lo que sea
que fue ese hombre, todo y nada, nada
y todo, como cualquiera de nosotros,
mejor dicho: me apropio de este epíteto
estelar no para insistir en la fabulación
de un romance divino, donde creemos
(queremos, verbo sustitutivo) ver a Dios
amando todas las cosas y, en especial,
amándonos con un amor dulce espejo
que nos hace ingrávidos y luciérnagas
asesinas también cuando al otro lado
quedamos del sol por unas horas, no
para esto sino para retratar en un selfie
verbal, perdón la intromisión de mi yo 2.0,
a ese *metahuman* amoroso que seremos
y del cual soy apenas su analógico poeta

Reloj inteligente

te da más conciencia de ti mismo/a,
un compañero ideal que ha llegado
para quedarse —reza la publicidad,
con tanta persuasión que no habría
cómo no desearlo—, te tiene al tanto
de tus signos vitales y de mil cosas
más de tu sola incumbencia, ahora
voy a por uno, a mí con que marque
el ritmo de mis poemas me basta y
si me los escribe mucho mejor, bien
pagado estará, mientras se los dicto
viviendo a tope cada segundo mío

Cerebro TikTok

consumidor de vídeos como las viejas
calugas toffee, le dan un buen subidón
de dopamina, droguito, al fin y al cabo,
de lo que sea que le borre la realidad,
y lo veo en la locomoción pública, hoy,
casi todos y todas, jóvenes y adultos
mayores —más de los primeros, obvio,
pero sin exclusividad que el asuntillo
es transgeneracional de suyo, el *brain*
se va volviendo el renacuajo que fue
si es que dejó alguna vez de serlo, si
le ofrecen el mundo en meta no duda—,
mirando gente y cosas que se mueven
en la pantalla que lo absorbe al punto
de una teletransportación programada
que un día será la cotidianeidad pura

TERNURA

en un niño veo siempre al adulto que será,
en el adulto que es al niño que (se) fue,
dos maneras de mirarme para no caer
en el sentimentalismo salival ni en la cruel
condena con que juzgamos a pecadores
de todo pecado, pero no se piense aquí
que hablo de la esperanza ni la justicia,
tampoco quisiera explicarme, innecesario,
solo que la ternura que practico con uno
y con otro sabe que aquél me morderá y
que éste va a sentir algo muy parecido
a cuando nos dan un masaje reparador,
that's all folks y no hay moraleja, sorry

[si hubiese un poema anterior que no te haya gustado, puedes reemplazarlo por uno de éstos, si te convencen su tema y factura…]

SEA ÁNGEL

de tanto querer vernos como ángeles caídos,
pero redentos al final de esta historia cruel
de lo que llamamos (auto)conciencia del ser
y el estar, cuenta cabal no nos dimos nunca
que allá abajo, en las aguas más profundas,
donde la gran mayoría de nosotros humanos
jamás iremos —regresaremos sino en sueños
aquamánicos—, por muchos millones de años
los ha habido y no me refiero a los que nadan
a 300 por metro cúbico *around* 20 m *depth*
ni a los antárticos de bella y grácil anatomía,
el aludido aquí es una especie de lágrima-
selfie de our beloved Narciso que se devora
a sí mismo en una penitencia que no entiende

La flor de la mi cara

LA FLOR DE LA MI CARA

Sistema, *Emergency contact*, La flor de la mi cara, Piedras del hambre, Teruel, La muerte simplemente, ¿Dónde estoy?, Caja de música, Escritura, Sexo, Diario, El canto del mundo, *Biopic*, Asteroide y dinos, Banda sonora, Abuela materna, Amor paleogenómico, Ártico today, Europa, Octopus de mí, *Mind wandering*, *Corvus corax*, Testigo, Cenotafio, Policía moral, HD 18599 B, Drones, Hologenoma, FANI, Millonaria, Reloj de agua egipcio, Galicia, Damián, Don Juan, Canción breve, Ciencia ciudadana, Sylvia Earle, Nocturno no humano, Paradoja, Cariátides, Física, Cántico, Laguna del Inca, Pena capital, Eutanasia gatuna, Meme teórico, ChatGPT, Idas y vueltas, Mundo, Duao [replicante: Composición]

Sistema

any system under sustained stress
will eventually fail, the 3D question
is: how, when and where? El asunto
se parece mucho a la vieja pregunta
de toda filosofía —no importa cuánto
hablen de otras cosas, como política,
arte, sexo, machine *learning,* TikTok
y lo que venga o no al caso—, también
los poetas de vez en cuando se hacen
la misma, sin acordarse que no son
welcome en la ciudad por aquéllos
pensada ni lo serán en la inteligente
de los nuevos *designers* of the future:
para dónde vamos, de dónde venimos,
yo por lo pronto me pongo en la personal:
cómo, cuándo y dónde mi sistema…

Emergency Contact

uno se da cuenta que está *really really*
solo/a cuando todos tus contactos
de emergencia han, *let's say it this way*,
expirado, y cómo lo sabes, no porque
ya no respondan a tus llamadas o *Texas*
y veas que te dejan leído *but not*, sino
porque no contestan a las/los de ellas,
las compañías de esa lista que les diste
como aviso —te olvidaste preguntarles,
claro, es que asumiste que el cariño
era grande—, *thank you for being there*
for me when something happens, and
the time comes, y esto es lo peor, sé bien,
nadie atenderá cuando sea del hospital

LA FLOR DE LA MI CARA

y no pregunto por ella con un *ubi sunt*
self-centered, en el comienzo del otoño
de un adulto mayor, en esa edad negra
a la que entra no solo *la mi cara*, bigote
blanquecino, sino toda la estampa mía,
do mi escudo y mi lanza? Nunca tuve
ni lo uno ni menos lo otro, pues hermoso
guerrero jamás fui, lo mío era el pecho
limpio y un verso que nada más quería
amar mejor, una dama —la primera ya
se habrá ido— llorará, si aún me ama,
mis cenizas, flores secas sobre la tierra
[campo no La Palma sino La Quebrada]

Piedras del hambre

la sequía se agudiza en la vieja Europa,
también en el Nuevo Mundo y en todas
partes del planeta, si esto no nos une
qué lo hará entonces, recuerdo el Lago
Peñuelas en Chile, V región, pero hablar
quiero aquí —del primero hay un poema
alusivo en *Valparaíso, puerto principal*—
de esas *piedras del hambre* aparecidas
a lo largo del río Elba en Alemania 🏳
debido a las condiciones climáticas hoy
que hacen más severas que nunca, mucho,
las crisis (eco-nómicas) y menos lejano
el fantasma desolador de las hambrunas,
no voy a agregar nada especial al tema
sino decir apenas: me gusta imaginarlas
como que son unos panes duros lanzados
como monedas a la fuente de la fortuna,
aunque ahora una dijera *si me ves llora*

Teruel

quiero ir a Teruel, sí, pero no a visitar
la tumba de esos amantes, historias
tales hay muchas y por todas partes,
incluso creo, sin presumir, haber vivido
una bastante parecida, con final feliz,
claro, no estaría contándolo de otra
forma, no iré al Castellar de la región
sino a ver las huellas de dinosaurios,
y no porque me las dé de paleontólogo
ni mucho menos, de ésas de hace 150
millones de años, desperdigadas ellas
en una especie tersa de dura alfombra
jurásica, yacimientos también de restos
de seres extintos y a mí ése es el amor
que me importa ya y no porque ay esté
envejeciendo, yo mismo un risible mini
saurópodo *to be*, todo un atapuerca
en regla de mi corazón enamorado, no,
qué va, mejor he de creer haber aprendido
a amar más allá de la literatura y el verso

La muerte simplemente

una muerte natural, aunque sea producto
de los años y las enfermedades asociadas
no se lamenta ni uno, por qué, se entristece,
sino que se agradece y uno, claro, se alegra,
seguro que ya te imaginas lo que voy a decir,
la vida y por ella aquélla ha de verse con ojos
nuevos, sin drama, morir no es una tragedia
—trágico matar o morir por mano asesina—,
más bien una bendición y tan así habríamos
que filosofar al respecto resultaría del todo
innecesario, para lo cual y esto era en verdad
a lo que quería llegar desde el inicio de poema,
eso, tendríamos que hacer un *reset* de nuestra
inclinación al duelo, lloramos no por el muerto,
por nosotros mismos, ese es el emocionarnos
y creer que nuestra muchas sombras interiores
son imagen y semejanza del mundo y el after,
no hay after ni antes, todo está en vivir que es
morir y viceversa y parece enredado pero no

Dónde estoy?

escribir un poema que empiece así: lcd
is at ..., como se ve a veces en algunos
profiles de FB, con imágenes alusivas,
ejercitándose con ello auto-localización
y exhibicionismo, ya no tan new tecno-
vanguardista, pero todavía en (ab)uso,
del *self*, no del viejo yo que era algo más
discreto, aunque lo acusaran deególatra
y desmedido, de ese pajarito que se posa
siempre en nuestra lengua cuando hablas
y que en lo visual ahora vive en una jaula
dorada al otro lado de tu brazo y el mundo
se lo toma por todo como un telón de fondo,
yo que nunca he sabido dónde estoy callo,
apago, guardo, miro a mi alrededor con amor

Caja de música

una caja mediana, poco más grandecita
que una de zapatos, con libros, no llena,
será todo lo que deje, aparte de un deber
de amor de convertirme en frías cenizas,
escrito en un testamento de escaso valor,
ni esta urna ni la dicha caja habrán de ser
objetos musicales, de hecho oír no se ha
nada sino el estallido de nuestra madre
supernova que de tan tronante y distante
pasará por silencio feliz entre las manos
limpias de quien me lea y de quien le toque
llorarme al borde de un bote meciéndose
sobre un oleaje igualmente testamentado

Escritura

nuestra madre escritura en un rapto
de gracia le confiesa a la vieja letra
que ésta en el principio fue número
y a éste, un tanto alejado del seno
materno, que letra será, en un acto
de confianza absoluta va y les dice
que cuando bien el uno sepa contar
como el otro cuenta habrá el hombre
llegado al fin de su mundo, pero feliz
de haberse uf reconciliado consigo
mismo y sus dioses, por primera vez
fuera de sí y rumbo a un *exoplanet*

Sexo

me sorprendí en un poema aún hablando
de sexo opuesto, qué añeja la expresión,
hoy sería mejor decir complementario,
sólo si se aplica a cualquiera de los dos,
pero me objetarían el referencial numérico
aduciendo cuestiones de géneros libres
e identidades auto-percibidas, me quedé
pensando, entonces, que el amor dejaba
de ser una batalla, si ya no la usábamos,
por la continuidad de unos genes, siempre
se creyó que eran los del macho en depósito
y no se quiso saber que los de la hembra
ganaban de verdad su lugar en el mundo,
no se podía por falta de ciencia y sabiduría,
ahora tenemos una y nos negamos la otra

Diario

tengo una estudiante —de lo cual deduzco
de algún modo que todavía no entiendo
bien ni cómo que soy profesor— que anota
en una de sus bellas respuestas a un quiz
que la escritura de un diario es una forma
de arte para ella y que la practica tal cual
suena, que todos los días escribe entradas
con sus pensamientos y sentimientos —hay
diferencias entre ambos, pero no para ella,
me lo recalca— para que [su buen] Dios
[se] los escuche…, mientras leo esto pienso
—y no sé si siento algo— si no habré estado
haciendo yo la misma cosa con tanto poema
desde que tengo memoria, aunque noticias
de un *recibido* no he tenido ninguna ni al oído
ni por otros medios, ni siquiera por *messenger*
que ya sería una gracia que valdría esta vida

El canto del mundo

este poema —como muchos otros míos,
con su propio tema y deseo— se propone
ser uno de esos filtros finísimos creados
por científicas y científicos en *England* y
Dinamarca para recoger genes del aire,
probados, por el momento, en zoológicos
y con resultados impresionantes, se puede
saber sin verla necesariamente, qué fan-
tástico, de la biodiversidad a la redonda,
de la conocida y, lo más alucinante, *wow*,
de la que desconocemos y que representa
alrededor del 90% de aquello que se estima
vive, mucho de lo cual se está extinguiendo,
como en todas las eras terráqueas, quizás
en esta un poco más por lo que ya se dice
urbi et orbi, de manera que esta red mía
de palabras quisiera atrapar trazos infinite-
simales de esas voces que nos componen
el canto total, a lo Giono, de este mundo y +

BIOPIC

siempre supe bien y desde que cursé
las primeras letras que nunca tendría
una biografía a mi nombre —la auto-b
se la dejo al secreto de la causa— y
tanto menos una *biopic*, de mí no hay
nada que contar, lo mismo afirmo
de mi supuesto sujeto bio-poético,
es que ni famoso ni figura histórica,
tampoco de Berceo avatar, de nadie
sombra sino quizás conjetura sola y
multiplicada de un Universo en llamas,
donde fuego hubo cenizas quedan y
un frío que también se apaga, madre,
tuya es la gloria y nuestro único *hogar
celeste*, perdona a tus hijos, vencieron
todo pero no la muerte, bendita siempre

ANTEROIDE Y DINOS

si le dan esta noche al asteroide y con más
suerte que el Bruce Willis de *Armageddon*,
de alguna manera muy extraña y de verdad
sci-fi-like los dinosaurios rugirán agitados
toda la noche larga, un llanto oscuro, ronco
que saldrá de la atmósfera como un aplauso
a ese *spacecraft* que allá a lo lejos se inmola
no por ellos, sino que por nosotros, inclúyase
a los que viven a nuestro lado y que a fecha
no hayamos malamente extinguido de puro
antropocéntricos que somos, qué se puede
hacer sino decírnoslo a la cara, se trata de ir
preparándonos para situaciones más serias,
y sin entenderlo bien veremos con sus ojos
la foto del impacto, algo nos hará *click* adentro
y nos desviará de la órbita de nuestro pasado

BANDA SONORA

será verdad —y parece que lo es a todas
luces—, como afirmaba un asaz periodista
antes de uno de esos shows de a 3 noches
seguidas de Daddy Yankee, leyenda de sí
mismo, que hoy por hoy —pregunta inocente
pero furiosa: hasta cuándo—, será cierto,
entonces, que la banda sonora del planeta
es el reguetón, donde el origen del reggae
allí quedó en el olvido y lo que resta salta
a la vista, toneladas de letras que iguales,
como un único disparo, apuntan al corazón
ciego y baboso, poesía *unleashed* pura y
dura del cuerpo y la gloria sacra de nuestra
mundanidad antes de tantos cataclismos
por venir, la razón caribeña contra el fin…

ABUELA MATERNA

mañana sería el cumpleaños de mi abuela
materna, me lo recuerda mi madre, poco,
casi nada conozco de ella en lo personal,
apenas sus vestidos y zapatos de color
café, alguna sonrisa en la cocina mientras
preparaba algo rico, recetas de España,
sus ojos claros como los azahares al sol
de las mandarinas del patio y, lo triste,
sentada en una silla de ruedas, arropada,
con más de medio lado de su frágil cuerpo
paralizado y sin habla, gestos, un balbuceo
nervioso de niña por morir, pero de su voz
en pleno uso de facultades, tersa, cantarina
como su guitarra sólo recuerdo lo que hoy
su hija me dice al sacarla del viejo estuche
y celebrarla este ya casi 30 de septiembre

AMOR PALEOGENÓMICO

por fin un Nobel para el pequeño Neandertal que llevamos dentro —y para no repetir que de tan antropo(bs)cenos pensamos que no nos parecemos a nadie—, por cierto, a través de un 99% sapiens sueco, Dr. Svate Pääbo, biólogo genetista que le secuenció el genoma a esos parientes extintos, así como el ADN homínido prehistórico también del Denisova, con quienes nuestra humanidad *in the making* se cruzara en amores violentos ya fuera del continente madre, y me pregunto, sin que esta curiosa inquietud alcance premio alguno, volveremos a cruzarnos con alguien que no sea igual a nosotros y sin hacerlo desaparecer de la faz de esta u otra tierra?

Ártico *Today*

26.000 y *counting down* día tras día,
en 80 años +- extintos, temperatura
que sube y sube, los hielos del Ártico,
más rápidamente que otros, se van
quebrando y los osos polares pierden
poco a poco, mojados y esqueléticos,
su hábitat, ése al que tanto les costó
adaptarse para saber comer y parir
allí y ser tan blancos como la nieve,
súmanse así a una ya ignominiosa y
larga lista de *casualties* de *our way*
of living hasta la propia desaparición,
escribo esto mirando de reojo al peluche
homónimo de mi hijo que duerme en su cama

Europa

Juno *spacecraft* anda diciendo que Europa,
la luna mayor de Júpiter, cubierta de hielo,
a la que se acercó a unos 352 kms +- y,
curioso, le tomó fotitos que ahora la NASA
vitaliza a su manera, desde el temido 2000
que no se veía con tanta nitidez al satélite,
se cree que bajo la corteza de esos fríos
habría un océano salado y para indagar
más sobre la atmósfera y la geología y,
obviamente, las entrañas azules de esta
candidata a albergar vida *as we know it*
en este planeta de moléculas orgánicas,
ya se tienen los planes para el año 2024
de una misión —es que somos misioneros
de nuestra antropocena religión, o sea
de nosotros mismos—, la Europa Clipper
nos confirmará o no si esas aguas fueron
y son un ambiente *suitable for life to exist*,
llegará en el 2030, a poco de mi 70th bd y si
es que mi ser orgánico no ha dejado antes
ir su sonda intangible para buscar en largo
viaje, seguro que más, *a quien se la dio...*
para qué sino para darle las *gracias totales*

OCTOPUS DE MÍ

así me siento esta mañana al despertar
y sigue la tal sensación auto-perceptiva,
como uno de esos dignos *glass octopuses,*
frágiles lámparas de la noche submarina
en el Atlántico y cerca de Cabo Verde si
tengo que pedir y para poder oír otra vez
a Cesária Évora desde el fondo de mí,
recurro a este símil no porque me duela
la cabeza hasta el martirio ni me ponga
de un ecológico y quiera *faire chorus avec*
los tiempos que corren, canto de comunes
a los que me sumo *anyway, of course,* no
por eso sino porque camino de la muerte
me estoy haciendo casi tan transparente
como ellos, con algunas opacidades aún,
pero que el tiempo ya me las va aclarando,
Quem mostrava esse caminho longe?

Mind wandering

leyendo un libro, manejando en la *highway*
o en otras circunstancias, como cada uno
de nosotros, tiendo a la *mind wandering* y,
aunque lo amo, me salgo del mundo, vago
o, si se quiere la analogía oceánica, navego
entre las sombras de mis pensamientos o
los turbulentos oleajes de mis sentimientos
—esto no sucede, dicen cuando estamos
conectados a las redes sociales, paradoja
de triste factura—, pero cuando vuelvo a él
mi *amor mundi* es más intenso y descanso
como el peregrino cuando llega a su destino,
agradecido de tener una tan bella realidad
a la que regresar y no quedar perdido solo,
incorpóreo en esa temporal *dissociation meta-awareness,* por mucho que nos sea necesaria
para la ensoñación, a costa de la atención y
a riesgo de hacer de la culpa y la *self-pity*
una pasión que ahogue la franquicia sensible

Corvus Corax

dicen que los cuervos aprenden su mundo
por analogía —y además que cualesquiera
de las conductas cerebrales que creemos
nuestras propias pueden hallarse en otros
animales, plantas y seres de varia lección—,
entonces, ya que ésta se va perdiendo más
entre nosotros, como moneda con una cara
de la diosa que bendice desde su altura, yo
me voy sintiendo uno con ellos, hasta veo
que mis brazos parecen dos alas negro-azul
y que desde un árbol miro hacia tu ventana
aligerando el crascitar antes de pasar a ser
neófobo y para ti apenas ave de mal agüero,
olvidándote que sonoros jugábamos al amor,
me queda tu graznido musical en el mío, kraa,
y tres huevos vanos de un azul verde pálido
manchado de marrón, secos como este llanto

Testigo

una vez que lo ves estás involucrado, dijo
Luis Tosar, un accidente, un crimen, otras
escenas muchas de nuestra vida, sin desoír aquí hasta sus implicaciones cuánticas,
que ni él ni otros habrán tenido en mente,
puedes desentenderte pero quedó impreso
en tu ADN existencial, y pienso, disculpen
la digresión, si el lector una vez que leyese
este poema se sentiría involucrado de igual
manera y al punto de que le fuera imposible
desdecirse de su presencia como testigo +-
voluntario de un atentado a las altas esferas
celestes según las simulamos en adoratorios,
y de un asalto a saco, como un ciego cracker
enamorado del *deep sky*, a nuestras solo dos
inútiles preguntas que nada buscan apenas
sino autoconfirmarnos en imagen-semejanza,
narcisos somos no los lirios del *ultra space*,
en ello tenemos puesto toda la inteligencia

Cenotafio

algunos faraones eran vivitos y se mandaban
construir una tumba doble, un perfecto *trick*
mediático de la época, en una eran enterrados
y la otra permanecía vacía, sin cadáver habido
sino la crasa ilusión de un mundo fuera de éste
y gobernaban desde ese más allá a los suyos
y a nosotros todavía de una manera indirecta
y trans-histórica, yo me pongo, un poco burlón,
a imaginar éste —y varios de los que he escrito
y abierto con propias manos— como un poema
doble y dejo al lector, a ella entre ellos, la tarea
feliz o penosa, según se lo vea, de saber cuál
es cuál mientras lee y pondera nuestra logofilia
en esto muy discreta, en otras cosas no tanto

POLICÍA MORAL

mirad qué arrogancia de unos hombres
que se toman su religión a pecho,
como si de ellos dependiera la pureza
del mundo y no hacen sino ensuciarla
con sus propias manos negras, hoy
han matado a una joven mujer, Mahsa
Amini se llamaba y era más bella
que todas sus leyes y ninguna podría
traerla de vuelta a los suyos ni perdonarlos,
decenas de muertos y miles arrestados
en protestas callejeras, pero es hora ya
de que la juventud le devuelva el futuro
a Irán, y que de pasada entienda cuál
es su breve y verdadera misión en la tierra
de cara limpia siempre al cielo profundo
para que cuando sean padres y abuelos
no se avergüencen ante hijos y nietos

HD 18599 B

a 125 años luz, o sea *around the corner*,
más chico que Neptuno, denso y *massive*,
orbita cerca de una estrella joven —suerte
de pocos, lo digo con envidia de la buena,
yo a quien ya se le apaga su sol interior—
un planeta mozo de 300 millones de años,
astrónomos chilenos lo descubrieron ahí
dónde ha estado todo ese tiempo, caigo,
entonces, en la triste cuenta de que haber
sido podría este que habla si el futuro suyo
no se lo hubiesen ocultado con que para ti
la astronomía no se te da ni en los básicos
fundamentos, y el país hubiera entendido
antes que tiene cielos privilegiados, y aún
así, no deja de mirar para abajo con rabia,
vergüenza y se castiga en fatua procesión
por las calles romereando a un abismo sordo,
la *homeland* a veces me duele de otra manera
que como lo reporteo en *El Escudo de Chile*

DRONES

aquí vamos otra vez, el ingenio humano
en su mejor y peor look al mismo tiempo,
los drones como ojos aprendiendo mundo
desde el cielo y como armas letales listas
para eliminar enemigos como nunca antes,
en este futuro cercano que es el hoy mismo
en las buenas y en las malas, ya no dulces
palomas son más de causas humanitarias
o velas aéreas para festividades de Año
Nuevo ni cómplices héroes de potencias
locales o mundiales, kamikazes suspendidos
para ataques *pintpoint*, guerreras todavía
en su infancia máquinas en camino de ser
teledirigidas en cientos y miles totalmente
equipados con IA en una flota terrorífica,
cambiando *forever* lo que aún no sabemos

HOLOGENOMA

qué felicidad se siente saberse un eco-
sistema microbiano de mil caras, todo
en mí bulle, absorbe, procesa, deshecha,
repite y se degrada hasta el lento morir
convertido en materia necesaria de otros
organismos, la vieja muerte que juzgamos
definitiva y que resulta ser la única prueba
de haber vivido, no existe sino en nuestro
atávico dolor a desaparecer tal cual fui-
mos un día en el espejo de la gloriosa y
self-loving juventud, tan absorto estuve
y tú en la belleza reflejada que no sólo
no supimos amarnos sino que tampoco
pudimos ver que a lo más éramos apenas
anfitriones de una fiesta que llamábamos
antojadizos la consagración del individuo,
no, una comunidad donde no sé quién soy,
la música no la pongo yo, no, y el otrora
carnaval de calles es un hecho evolutivo

FANI

de ahora en adelante los OVNIs cambian
de nombre, según propone con un panel
ad hoc de expertos la NASA, se pasa así
de objetos a fenómenos, desmitificando
las historias que se acumulan y cuentan
para tratar de borrar la incertidumbre y
el miedo y entender mejor eso que se ve
en la naturaleza *out there*, próximamente
emitirán un informe que tendría los visos
de modificar nuestros relatos y sistema
cognitivo, cuál serán tales conclusiones
expertas no promete convertirse en hito
literario ni en guión de película, de docu
tal vez, con suerte, aunque sea insípida
esta nueva carta de navegación parece,
avistando el futuro, un primer y decidido
paso en los de nuestra post-humanidad
sin la parafernalia fantasmagórica al uso
de la industria cinematográfica, ni la duda
sobre la interpretación de datos, perdonen
ustedes, los amigos cazadores y audaces
divulgadores de aquellas imaginaciones

MILLONARIA

de tanto ir poniendo la millonaria —lo siento,
fraseología popular chilensis— en trazados
secos de mi sangre sobre *docs* de variada
tecno-resolución, transmitidos in no time
entre puntos de contacto que no se miran
a los ojos, *e-signatures* cambiantes según
pasan los años, he olvidado ese pequeño
arte de la *wet-signature*, esa huella digital
de nuestra vida letrada que por sí misma
nos abría mundo y mundos, igual siempre
aunque le aparecieran florilegios de toda
suerte, había en ella(s) conexión directa
al corazón que así daba su palabra, cuando
ahora, casi por error, me la piden, rara avis,
no me reconozco en la torpeza de mi mano

Reloj de agua egipcio
[con verso italianizante de fondo]

si la muerte que me llegare no tuviese
tus ojos me negaré a morir, no abriré
la puerta a nadie que no seas tú y no
me mire como lo hacías tú, doy de eso
fe, tanto de que así haré hasta no ver
otra luz última que la tuya, bálsamo
para ese dolor de haber vivido sin ti
casi toda la vida, como de que *l'amore*
mío fue la única razón de llegar a viejo,
te esperé más que nunca en el adiós
y sé que vendrás tan muerta como yo
a esta cita a la hora de la misericordia,
del beso invisible igual que un ángel y
de la clepsidra de la sangre vaciada ya

GALICIA
[con verso robado honestamente]

yo también *soy un poeta gallego* o,
por lo menos, me gustaría llegar
a serlo, es que la *lluvia pausada y
lenta* la aprendí en otro Santiago,
como a escuchar se aprende solo
el corazón, alguien vino de Muxía
y se avecindó en el sur de Chile y
me pasó su saudade en la sangre,
cuando llegué a Washington-DC
don Mario —en nada me conocía
el profesor— les dijo a los suyos que
al verme pensó que era gallego y sé
un día volveré adonde nunca estuve,
onde as nubens teñen seu nidio pombal

Damián

8.000 millones y vamos sumando, hoy nació
Damián en la maternidad de Nuestra Señora
de Altagracia, Santo Domingo, R. Dom. —ayer
no más, en el 2011, éramos 7 billones, en 10+
seremos (futuro perfecto, o sea, inevitable)
los que la especie diga sin ver su *doomsday*
auto-provocado, *Man, this echo chamber's
getting loud*, ya para el 2100 se nos predice
un máximo de 10.4B— y la UNFPA nos regala
un slogan de tipo papal —se acuerdan, cómo
no, del *amor es más fuerte*— *we're 8 Billions
Stronger*, y yo no quiero olvidar ahora el deber
de una nana de gozo para que se duerma y
despierte feliz la niña hasta su muerte natural,
sólo que no dejo de sentir un misterio doloroso,
un asesino que me apuñala en el corazón,
respecto al tema y habiendo prometido nunca
abrir mis labios sino es para alabar a la madre
y al padre, callo y reconozco mi ignorancia y
pido perdón por dejarme llevar por la hubris,
we're gonna stay naive tonight, night, night

Don Juan

leo —porque de eso vivo, en todo sentido—
un artículo de Daniel Chávez Landeros que,
con cierta energía nueva, titula, rescatando
al prócer romántico, "Hacia un Don Juan
cosmopolita" y lo subtitula "Mauricio Garcés
y el mito del dandi mexicano moderno" (2022),
y sin entrar aquí en detalles sobre hipótesis,
marco teórico, tensiones genéricas, ansiedad
política del México de los 60 y otras debidas
menudencias académicas, como lo cómico y
lo caracteriológico en el cine de la época y
de sus resabios en la nuestra, que con fina
maestría desarrolla mi gran y queridísimo
amigo, expongo el sentimiento que me deja:
cuándo, ay cuándo se hablará del Don Juan
cósmico? Y sé que tendría —o podría, quizás—
que hacerlo yo mismo, pero ya estoy tan lejos
de lo confesional que no quisiera volver nunca
más a las correrías de la literatura secundaria,
tal vez Kierkegaard sería de alguna utilidad
con eso de que el acto de la de *inner scape
velocity* está escrito en los huesos *in the quest
of* la sola *heart's indescribable emotion*

Canción breve

el *breve espacio* de este poema tendría
que dedicarse a un breve *in memoriam*
del cantautor cubano que con breves,
violentos y tiernos versos, breve osadía
de guerrero enamorado de la brevedad
del amor, padre de la breve nueva trova
sin olvido dentro de una larga revolución,
pero no, no, en breve y sin se me permite,
me gustaría congregarlos —*la prefiero
compartida / antes que vaciar mi vida*—
alrededor de esa *silueta* y de la única
prueba, esos *restos de humedad*, breve,
de su visitación, todos aquí *winding back
to the beginning,* saltándonos teólogos
y poetas de cada era y esquema, dibujo
de un cigoto marino sobre las sábanas,
rota la cáscara como una breve lágrima
de futuro, donde ya no hay sino materia
en secadío, frente al cual el íncubo y/o
la súcubo lloran de gozo y de abandono

Ciencia ciudadana

hoy se invita a la gente común, con cierto
interés en la res cosmológica, quiero decir,
que haya hecho un *facing up* en su vida,
por mínimo que sea, a la caza de galaxias
medusas, una ayudita a la astronomía reza
el titular y uno puede dirigirse a la *webpage
zoouniverse.org* para saber cómo participar,
cada quien que se las arregle como pueda
con el instrumental necesario, un telescopio
casero cuenta y vale, la cosa es hallar una
*con la esperanza que la ciencia la hagamos
juntos, la ciudadanía y los astrónomos*, dice
la encargada de proyecto y a ello me pongo
a la tarea, en eso he estado desde el 2007
desde el día que murió mi padre y yo lejos,
ahora mi tío se debate entre vida y muerte y
quisiera que se fuera con esa dulce noticia
mientras se le apagan los ojos en una cama
de hospital junto a sus hijas que le cantan
al oído una nana sobre la mecánica celeste

Sylvia Earle

la primera mujer en caminar por el *ocean
floor*, que a la verdad es más portentoso
que dar pasos de saltamontes en la luna,
cuando lo haga una ojalá que se acuerde
de ella y que desde allá la y nos bendiga
todo este azul que no hemos sabido amar,
vamos entendiendo al borde del abismo
que no sólo es fuente de nuestra *sea food*,
misteriosa belleza y cementerio de barcos
hundidos, desaguaderos de ríos corrientes
—sin hablar, por no caer en vicio literario,
de metáforas, connotaciones y figuraciones
varias de nuestra mente—, *a vaidade ferida
comove-me, / comove-me o ser ferido!*, si
pensara yo como Irene Lisboa al intentar
hacerme a la mar de nuestros delitos mundi,
abajo en lo muy oscuro nos espera la única
respuesta luminiscente, idéntica a la exo-
planetaria de las aguas cósmicas, *health
to the ocean means health for us, self love*
en el más digno de sus sentidos, *caring for
the big aquarium* nos hará sostenibles, *won't
you help to sing / these songs of freedom?*

Nocturno no humano

las compañías de mis noches, excepto
cuando estoy con ella, en sus brazos,
en su casa —y aun así, tengo la oreja
parada, en alerta máxima, dulcemente
profunda después del amor y su fragor,
todos nuestros pobres sentidos—, esas
visitas, que salen y entran de mi cuasi
ciego radar, dedicadas a sus nocturnas
labores, son toda mi alegría, las celebro
como a las estrellas y más, creo a veces,
bendigo y anoto esos instantes ilusorios
cuando me parece que hemos asistido
a un encuentro cercano del tipo que sea
—a la cosa no le importa el nombre, a mí
tampoco hace ya tiempo, aunque el Adán
que llevo dentro se resiste y ahora mismo
quisiera declararse poeta a lo non-human,
siguiendo y, dice, resignificando tradición
aquella antigua y casera de ciertos poetas
populares a la luz de presentes y futuras
circunstancias— y no dejo de pasar luego
largas horas agradecido hasta el amanecer,
despierto siempre despierto y me entrego
con ese recuerdo a las demandas del día

Paradoja

a mí en lo personal, profesional y, evidentemente, en lo poético me interesa la cuestión
de esa gran paradoja humana, por algunos
de los más esclarecidos sapiens admitida,
aquella que dice relación con nuestra doble
vida: es que *queremos y no queremos saber
la verdad*, cualesquiera que sean los áreas
aludidas, sin entrar en juicios dilapidadores
sobre bipolaridad u otros, a mí me importa
el asunto sólo en dos y sólo dos direcciones,
en el de la antropología en el macro marco
de lo evolutivo —incluyendo, por supuesto,
lo del cuento de hadas del excepcionalismo
fuera y dentro de nuestra propia especie,
once upon a time una verdadera familia— y
en el de la cosmología concreta (hoy dorada)
y especulativa, este viaje de lo vivo a otros
mundos para no quedar en pura anécdota
de un acelerado libro sin autor(es) ni lectores,
donde el *laudus Deo* del colofón impreso fue
y no, nadie podrá nunca corroborar ese dato

CARIÁTIDES

Siri, Alexa, Cortana y las que vengan, se dice
que la primera tiene *a much brighter future*
que la segunda y que ambas han superado
con creces los servicios de la tercera, pero
quedarán *technologically* a la deriva *vintage*
cuando aparezca una más hermosa y útil,
todas *virtual assistants*, hijas de la *mighty*
AI en sus albores modernos, que los tiene
remotos en perspectiva histórica, miradas
no con aquel viejo amor lascivo de máster,
sino con esa nueva gratitud del oprimido
en dudosa libertad, esclavas de nuestra
esclavitud, esclavos alegres del *dark side*
programado de su prodigiosa inteligencia,
cariátides —hay unos pocos telamones, sí,
menos atractivos, obviamente, cuestión
homeostática—, voraces de toda posible
información, mejor y más valiosa la privada,
sobre cuyas cabezas Dios is *dancing hip hop*

FÍSICA

sin ánimo de postular (a concurso jamás)
ningún tipo de *ars poética*, ni proponerles
teoría alguna respecto a aquella función
del uso del lenguaje, la poesía no existe
como tal, ni *eres tú* ni soy yo ni nosotros
tampoco, la lírica quiere pasarse de lista
con sus incansables confesiones íntimas
y la épica agoniza asediada de sus egos
nada de visionarios, la guerra, sea menor
o un *invierno nuclear*, mata aunque canten
los poetas cronistas del día gloria/derrota,
el poema —en el *template* que se adopte—,
que es la sola realidad resulta una imagen
virtual de suyo, una membrana de papel-
film plástico alusa con la que se envuelve
un cadáver amarillo, y tal como los señores
numéricos reconocen sin pelos en la lengua
que para la Física señera las matemáticas
no son suficientes sin la simulación, así éste
que pone en escena unos gestos elegíacos
con una derivada total respecto al tiempo

CÁNTICO

nuclear fusion energy es el Santo Grial, *yes,*
clean y eficiente, se celebra que hoy en US
se está *replicating* eso que *powers the Sun*
y se lee a nuestro alcance diciendo: *Mother*
Nature's way of producing energy, de esto
se esperan grandes cosas, sobre todo una:
eléctrico sustento, bueno, bonito y barato,
comercializado a la vuelta de la esquina
por un reactor chico de barrio y totalmente
automatizado, *igniting* cada uno de los mil
y un aparatos nuestros y + la alta soledad
mayor de la noche por la que iremos *through*
un día como el alma de San Juan de la Cruz
a encontrarnos con quien nos la dio, si es que

LAGUNA DEL INCA

se cuenta que El Tila —así lo había apodado
su madre— en sus últimos días entre rejas
deliraba a toda hora, la abstinencia de pasta
base lo volvía loco, como en un *film* de mala
calidad y bajo presupuesto de producción
veía y oía con dificultad penosos *snapshots*
de su infancia, sus primeras torpes correrías
delictuales, la fuga a Santiago, con mucho
espanto, tal si fuera un personaje adorador
del Mandinga, esas crueldades, violaciones
y asesinatos inexplicables para un cerebro
acostumbrado a negar de plano la realidad,
ella tenía 16 y abortó su hijo sin su permiso,
simplemente la mató y de rabia se la comió
casi, al final de estas secuencias brutales
siempre terminaba repitiendo que se quería
ir a morir a la Laguna del Inca, nadie supo
nunca de dónde había sacado la peregrina
idea, pidió escribir y le llevaron una máquina
eléctrica y unas cuartillas, se disponía, dijo,
a redactar un poema de amor indo-romántico,
pero esa noche hubo un apagón general y
prefirió ahorcarse con el cordón de la Olivetti

Pena capital

Majidreza Rahnavar ha pagado caro, más
sería imposible, el haber nacido y vivido
en una teocracia feroz como un fantasma
negro y sanguinario, beato como un buitre
seco por dentro y muñones por alas, hizo
la guerra contra Dios y se le pasó la mano,
Mohsen Shekari fue el primero de la tanda,
también violento en las protestas callejeras
contra la muerte inmoral de la joven Mahsa
Amini, a fecha de hoy, 13/12/22, se anuncia
un tercer candidato a tal ejecución pública,
Amir Nasr-Azadani, el régimen de Teherán
está tratando de cracking down a *nationwide*
descontento así que el pasado no entiende
y el futuro celebra como flor en el desierto
—como dije en otro poema alusivo y en luto
es la juventud del presente la que probará
su valía y si una revolución será alguna vez
y por fin el *breakthrough* de lo que nunca
dejamos de ser, *worldwide* y برای همه زمان ها

EUTANASIA GATUNA

nació sin nombre, como todos nacemos,
el primero, si lo tuvo, nadie lo recordará,
fue Nure para la Marian y el Jorge, llegó
como tal al depto de mi hermano, 2011,
se ganó su amor y el de todos nosotros,
hasta Gustavo e Irene la quisieron, ella,
que murió como Caluga, rebautizada así
por la Marianela, cuidada por la Verito y
el David, amiga mordedora de la mami,
era una princesa de la galaxia Ubume,
sabía leer —me enamoré de su peludez
y motas, de su tibia nariz rosa y húmeda
entre libros—, escribir también, escribió
sobre mi pecho con sus garritas varios
poemas ronroneados a su Valparaíso
adorado de cada día desde este balcón
visto y filosóficamente ponderado, adiós
le dijimos hoy a su cuerpecito que nada
podía hacer ya para disolver los tumores
cancerígenos, se le apagaron los ojitos
y el corazón mientras le cantábamos allí
en la clínica una vieja canción de cuna,
dormirá guardiana nuestra en el jardín
del edificio, bajo hortensias y geranios

Meme teórico

si tuviera que armar mi propia corriente
teórica, como propone un meme por ahí,
hoy me inclinaría por esta combinación:
en lo íntimo, tecno-sexual, en lo literario,
híper-constructivista, en lo intelectual,
pan-científico, solitario en lo religioso,
en lo social, poli-amoroso, en lo político,
post-comunista, eco-mórfico en silencio,
seguir podría, que esto entretiene mucho
y distrae del tiempo muerto del presente
(lamento este anti-budismo galopante),
de acuerdo a con las tendencias del mundo
que vemos desplegarse rápidamente ante
nosotros, el de una futuridad inquietante
que nos mira con un viejo aserto que dice
que al final *el desdén con desdén se paga*

CHATGPT

este *AI Chatbot,* conversador y escritor,
te ayuda respondiendo a toda pregunta,
incluso puede pergeñar cuentos, poemas
y canciones de rap, a *new smart baby*
en la aldea global, te reconoce y sigue
en lenguaje natural —si aquello existiera,
Ingenuidad nuestra—, *a big thing, a tool*
creativa y omnisciente, aunque alertan
que lo más bien podría errar de puro
impetuoso *harvesting from* the Internet,
lo realmente incitante es ese QA diálogo
contigo que parece un Platón pragmático
al alcance de tus inquietudes, dejándote
esa vieja sensación feliz entre discípulo y
maestro y ese vértigo del Turing Test, a ver
si a mí me logra terminar este libro pseudo
póstumo con un verso tal que necesidad
no haya de replicarle *make it more exciting,*
como si estuviera *cracking the code of life*

IDAS Y VUELTAS

irme, después de todo —volver, agrego
para cuadrar el círculo de estos viajes
de ida y vuelta de nunca acabar—, dice
el poeta y amigo, más lo uno que lo otro
y feliz y justamente viceversa, *es algo
que estoy perfeccionando con el tiempo*,
un arte, tal vez una poética suspendida,
como un *drone* ya casi obsoleto y ciego
para los demás, una canción forastera
de alguien que saluda despidiéndose,
un cuerpo que se teletransporta según
se lo permite su época, hasta que un día,
del que tiene una vaga impresión alojada
en la sien, no se irá ni volverá más a ninguna
parte, crecerá un árbol hermoso en su lugar

Mundo

creo que me doy cuenta de que *el (mi) mundo
está cambiando* y, como dice ya la canción,
cambiará más, lo que podría parecer un tópico
manido, se ha vuelto en el *over all reaching*
pálpito de este siglo que se despide orgulloso
de los anteriores, archivándolo todo, sin pena
ni culpa, adiós a nuestros orígenes, muy poco
importa quiénes fuimos y mucho más, aquello
que estamos siendo en rapto para ser un día
lo que jamás imaginamos, billones de nosotros
caerán al pozo agrio del olvido como larvas
mudas, se especula que *by de middle of* 2050s
nuestros padres no reconocerán este mundo
al borde del otro, dancing *with the shadows
of* their *memories*, mientras *at war* los winners
with who they were —tomo *and rephrase from
a song by* Savanna Dexter, *House of Mirrors*,
la anterior de Los Iracundos, por si acaso—,
el futuro *is happening right now, be awar/ke*

Duao

el mar mío, la caleta donde debí vivir
y que ahora sólo será la de mi muerte,
está entre Pichilemu y Constitución,
había por adopción ideado que fuera
en la Portales, pero voy camino seguro
de aceptar que la vuelta al origen tiene
sentido total, cosa de la que renegué
en mi irme siempre lejos y más lejos,
son los años viejos los que enseñan
por fin que se regresa de cada viaje,
no importa mucho si es a las antípodas
del Universo —otros hombres, si nombre
tal valiera para ese entonces, de estirpe
inimaginable, serán aquellos que nunca
más han de volver a este lánguido *blue
dot*—, allá, entre pescadores y sombras
de recuerdos de mi linaje que todavía no
tengo, bajaré en apnea última al fondo
de las aguas que nos trajeron a la orilla

[replicante: si hubiese un poema anterior
que no te gustó, puedes reemplazarlo por
éste, si te convencen su tema y factura...]

Composición

de escena: sobre la misma mesa de siempre,
esa rústica desde que el mundo es mundo,
ahí el computador, aunque le da la espalda
con su pantalla levantada, le escribe/dicta
un poema de amor a la máquina de escribir,
ésta, sin sentirse ofendida y sabiendo que él
lo terminará con algo así como que *poesía
eres tú*—no hay, pese a que se me cuelgue
por la herejía blanca, hipotexto tan ubicuo—,
piensa en el bolígrafo de un sueño recóndito,
sabe que más que eso: remoto, incontrolable,
se ve cruzando un largo bosque y aparece
poniendo sus dígitos pintados en el techo
rocoso de una caverna después de haber
sido poseída por alguien en la oscuridad,
el poeta cierra el aparato, algo desencajado,
recoge el smartphone y se va a dormir, ella,
como por encanto, regresa de su viaje tele-
onírico, le hace un dulce guiño imperceptible

al que se marcha y, otro prodigio, se da cuenta
que tiene en el papel escrito un texto breve, lee
y por primera vez en años se siente amada

Exoplanets, otra vez

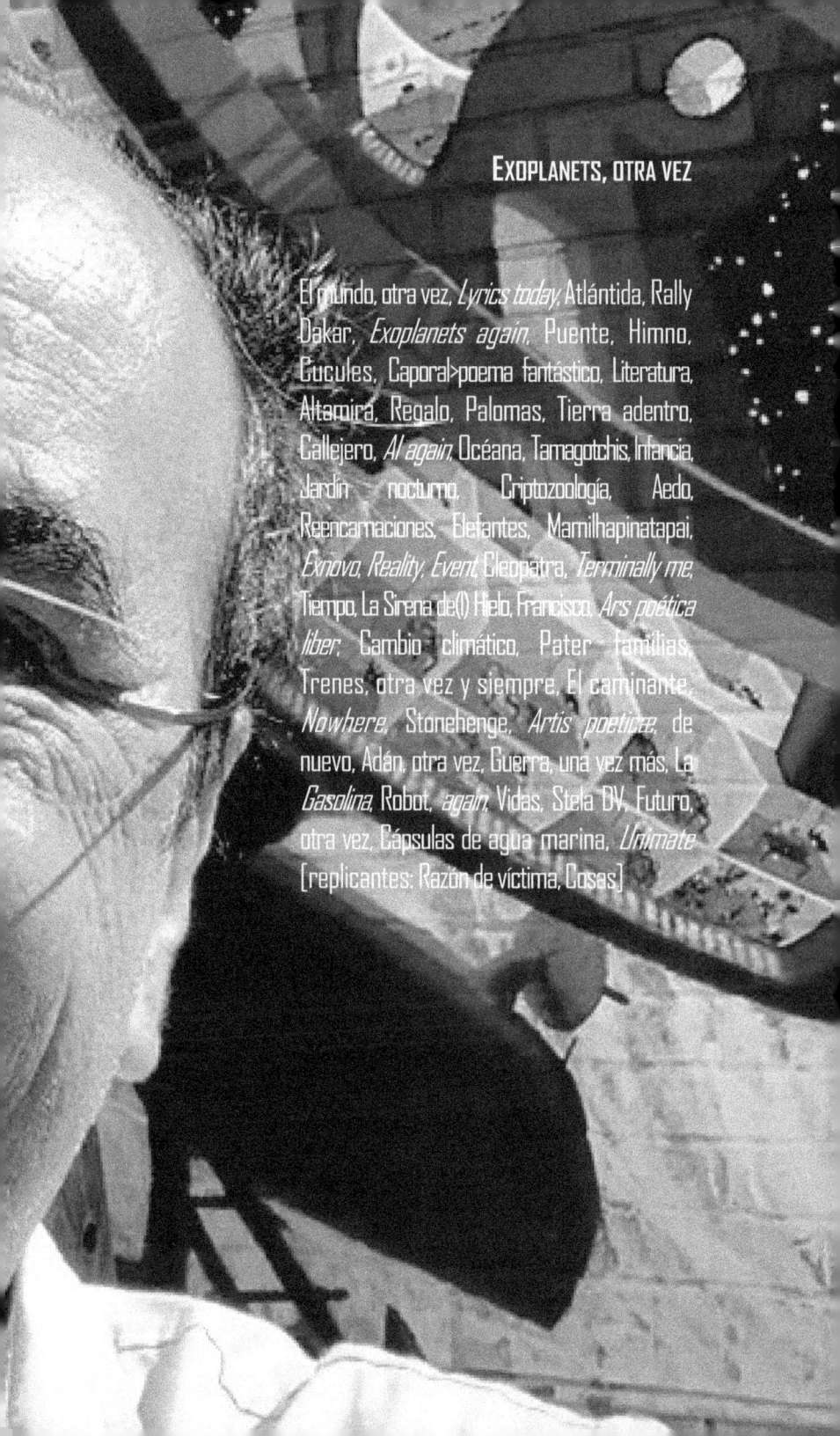

EXOPLANETS, OTRA VEZ

El mundo, otra vez, *Lyrics today*, Atlántida, Rally Dakar, *Exoplanets again*, Puente, Himno, Cucules, Caporal>poema fantástico, Literatura, Altamira, Regalo, Palomas, Tierra adentro, Callejero, *AI again*, Océana, Tamagotchis, Infancia, Jardín nocturno, Criptozoología, Aedo, Reencarnaciones, Elefantes, Mamilhapinatapai, *Exnovo*, *Reality*, *Event*, Cleopatra, *Terminally me*, Tiempo, La Sirena de(l) Hielo, Francisco, *Ars poetica liber*, Cambio climático, Pater familias, Trenes, otra vez y siempre, El caminante, *Nowhere*, Stonehenge, *Artis poeticæ*, de nuevo, Adán, otra vez, Guerra, una vez más, La *Gasolina*, Robot, *again*, Vidas, Stela DV, Futuro, otra vez, Cápsulas de agua marina, *Unimate* [replicantes: Razón de víctima, Cosas]

El mundo, otra vez

no busco (no pretendo, no) conocerme
a mí mismo, he renunciado a esa primera
pregunta en que, dicen, se funda la filo-
sofía, *yo sé quién soy*..., en eso y sólo
en eso me parezco a Don Quijote, cómo
es que lo sé, sin quererlo, lo que real-
mente le importa al hombre que soy y
que se solaza frente a este inmemorial
horizonte, idéntico al de aquellos homi-
nidos en versión/género homo —nada
más sobrevive de entre ellos el sapiens,
o sea, mis hermanos que se multiplican
y ya van, los de avanzada, a la conquista
del espacio, mientras la inmensa mayoría
apenas sueña ser autonauta—, caídos
como frutos de los árboles a su destino
agrícola y consecuentemente citadino, ah,
la ciudad, ah, la cultura, ah, la muralla y
el perenne asedio de los bárbaros, nada
de tal me es ajeno, pero lo mío esa pregunta
no es, a mí me urge y basta el amor mundi,
menos poesía, amarse en silencio, ciencia
nueva que aún está en ciernes, templanza

Lyrics today

un *wisdom statement* en un aviso comercial
en la tele, y que no recuerdo a qué se refería
en términos de *corporation*, proponía algo
que va muy bien con los tiempos que corren
y que podría aludir a una especie de mantra
juvenil, por el cual, creo, habrá de ser tenida
el alma de nuestra cultura actual: *if you can't
find the language* [to say/do something] *find
the lyrics…, let's star the conversation…*, allí,
en ellas se ha ido cifrando la épica y héroes
de nuestras emociones, y no importa el subgénero, el guion, la confesión y la medicina
para articular, gracias a un/a poeta y su ad
hoc intérprete, esa rumba de sentimientos
que nos consumen en una hoguera fatuos
haciéndonos creer que el mundo en contra
de nosotros está, hoy + que nunca, *crying
babies while their moms and/or dads go about
their business crying too*, líricos autonautas
in the freeway, "I got what it takes to 🎸 the mic"

ATLÁNTIDA

vivimos de espaldas a la mar, como si
hubiésemos salido de ella de una vez
y para siempre, pero nos amontonamos
a la orilla y nos dedicamos al mal arte
de ignorarla en tanto nos construimos
casas y torres, nos bañamos al sol y
hacemos deportes acuáticos, creemos
conocer las profundidades, dominamos
las olas surfeando con gracia delfinesca,
descargamos ese nuestro estilo de vida
en su vientre como un vómito de bebé
enfermo crónico, le ofrecemos botellas
plásticas y otras alhajas miserables,
olvidamos que ella lo sabe todo todo
sobre nosotros y que algún día el mundo
entero será una Atlántida que nadie buscará
—no estaremos en ninguna lista de *exoplanets*

Rally Dakar

no, no hay otra, en este orden de cosas,
que me cause mayor y más furibundo
desconsuelo que esta *competition for
motor vehicles in which they are driven
a long distance over public roads*, even
*better rough terrain, typically in stages
and through checkpoints*, que en calles
urbanas sea pase, total qué va si somos
así y en no poco ya es our *street traffic*,
pero que rujan esos motores en terrenos
*free from us: off-road, crossing dunes,
mud, camel grass, rocks, and erg among
others*, y en nombre del deporte *on top*,
corporatizado, eso me duele como a ellos,
para mí un rally cualquiera y, por cierto,
el mismísimo Dakar está en la categoría
de un safari, una de las floridas batallas
de la *Guerra de las galaxias* o un en vez
de brindis con la Pachamama un escupitajo
—sin mencionar *(pre)colonial and post stuff*

Exoplanets, Again

bien, qué mejor para nuestro futuro esplendor,
ya van 59 + posibles exoplanets identificados
a la fecha esta vez por el Proyecto Carmen
en un observatorio español, Almería, reúnen
varias condiciones de habitabilidad, al menos
10 de ellos califican respecto a que vida podría
haber allí —a qué escala, pues hasta el 2050 no
tendremos claridad sobre sus atmósferas—
llegar por allá ahora y contemplarlos *in real
time/space* y las estrellas que orbitan resulta
inviable, decenas de años luz no se recorren
en un santiamén, como no lo hace la lactancia
de la especie nuestra a traverso de su historia,
jóvenes mujeres rusas van a parir a Argentina 🇦🇷,
como hace poco se iban a 🇧🇷 o a 🇺🇸,
la atmósfera local les parece que da un nuevo
colchoncito a sus criaturas en muchos aspectos
contractuales, incluido el pasaporte de cierto
prestigio internacional y una seguridad social
para no morir en el intento, turismo de parto,
tráfico global de emigrantes a aquellos países
donde rige el *ius soli*, o sea ese tan apetecido
derecho de suelo, si te he visto no me acuerdo,

mostly well off inmigrantes de paso a la caza
de una segunda ciudadanía, exogestantes
de ese futuro esplendor, pero muy a ras de piso

Puente

sé que voy cruzando ya un puente viejo
—y yo que tanto los amo y dejé algún
testimonio de eso por ahí—, me duele
este tránsito, todo se cimbra, me queda
claro que no es el viento que pasa y ríe
ni mis temblores internos, vértigo menos,
he vivido hasta hoy en las frías alturas
de las soledades profundas, cada poema
y libro lo fui diseñando y perfeccionando
como una suerte de *jumping off a bridge
simulator*, acostumbrado estoy al vacío,
tampoco es la quejumbre del material ni
el óxido de los clavos eso que me quema
como una zarza en suspensión, imágenes
pretenciosas para una sensación básica
que se parece más bien a un encendedor
sin gas o, mejor y en conexión conmigo
mismo en cuanto a mi imaginario epocal,
a un fósforo cuya débil flama está a punto
de dejarlo hecho una negra tiza, un ardor
apagado y mal oliente en su despedida
inútil —como se ve, cuesta dejar el verso

HIMNO

no tengo para dar un *Himno del Universo*,
pero sí sé que no he querido *abrazar* sino
que *ser poseído*, tal cual su autor lo dice,
por lo micro —hasta el quantum, antes
la expresión del día habría sido, tuétano—
y lo macroscópico de una sola realidad
que apenas nos entra por la piel si *noches
como ésta*, para mí, tenemos frío y/o calor,
fiebres que resume este repetido poema,
voz de un tiempo inmemorial mirándonos
para atrás y hacia adelante en un mismo
sondear horizontes desde alguna bahía o
excavación u observatorio, mi sitio natural,
porque no fui antropólogo ni cosmólogo,
es el primero, allí escucho *tres pequeñas
cosas: un cántico, un rayo, una mirada...*,
a punto siempre de un tsunami cardiaco,
el que no será sino un golpe de amor y
un llamado final del *Océano de* la *Energía*
que me ha encontrado al yo encontrarla y
viceversa, que nunca estuvimos separados

Cucules

algunos de mis poemas los escribo
como si hiciera unos buenos cucules,
los amaso con manos amorosas
porque sé que son para un muerto
que los escuchará saboreando
algo de lo que en vida le gustaba,
de ahí que a la harina de la voz
salada de la noche en el altiplano
le pongo un dulzor de frutas
soleadas y una delgada lámina
de yemas batidas con picante
y al horno, con forma de palomas,
escaleras para subir al cielo,
recuerdos, estrellas, luego los pongo
en un altarcito con vino, coronas
de flores, hojas de coca, un vaso
de agua que no viene mal y todo
lo que el difunto comía y tomaba
con felicidad en su paso por aquí,
y de esta manera me hago sentir
que nací en ese pueblo —hábito
este mío que no me abandona—

y que me sepultarán en Guaviña y
que sus rezadores, con curita o no,
van a cantarme las canciones
que más amé al son de la banda
sin pena ni llanto en el cementerio

Caporal > Poema fantástico

la versión autorizada de este poema
se encuentra en uno de mis libros,
la que aquí entrego es la popular,
una que me llegó del aire, alegre
como un carnavalito norteño
a la Virgen, donde yo me veía
— y no recuerdo otras cosas, en serio,
que la memoria ya no va de la mano
conmigo, como una viuda inconsolable —
vestido de luces como un estandarte
contoneándome en plenitud y
gozo de hombre que marca el ritmo,
y en esa canción bailada al pasar
cual si fuera quien no era ni será
entre toda la gente de fiesta devota
me sentí por primera vez y nunca
más un caporal en toda su ley,
que *toda la tierra* temblaba y
que *con mi chicote y mi sombrero*
podía de nuevo *enamorar*
—y este poema ha servido de pantalla
para verme resucitado en ese ropaje

LITERATURA

mírome, a veces y más bien por casualidad,
buscando algo que creí que sabía, en serio,
con un poco de desgano por estar todavía
en estas lides, en ese espejo de vanidades
oscuras y pobre cristal plateado —metáfora
más que repetida en muchos de los ámbitos
de nuestra naturaleza— que son esos textos
propios, me refiero a los de algún estudio
particular aquí, y me veo ahí vicariamente
ocupando un lugar al que nunca pertenecí ni
quise, pero al que llega todo escritor incauto
y famoso de juventud, espejo de caballerías
hoy ya digitales, mosca en las redes sociales,
a aquella lucha por/contra la literatura, *sancta*
sactórum de una *sad* religión igual a las otras,
mártires de la cultura, se dice al uso presente,
los poetas, insistiendo en descolgar a Rimbaud
sin haberlo leído sino apenas de pasada/reojo

ALTAMIRA

nuestro arte visual, o sea todo el trabajo
del que somos capaces con las imágenes
sigue siendo el de Altamira y otros sitios
tales, allí está todo de principio a fin, nada
falta ni sobra, incluso la holografía, la 3D,
la animación, el levantamiento simulado
y cuanta técnica se nos ocurra ya en roca
—esa primera pantalla dura como tapia—
fue prevista, nos dejaron entre millares e
interminable lista de artistas, por ejemplo,
a un Picasso pintando sobre transparencia
mientras se filmaban los trazos, un Bacon
anticipando el dolor oculto de los selfies,
el rostro como una huella que se retuerce
de espanto nocturno y soledad cósmica
en la caverna, el espinoso viacrucis lácteo
de una Frida, tantos otros podrían citarse,
no importa que la superficie haya mutado,
mutará más, todo nuestro arte continuará
replicando su origen rupestre, la poesía
también en lo mucho que tiene de ἐκφράζειν

Regalo

una constatación al vuelo, viendo pasar
gente + gente + gente en un aeropuerto:
nadie/nada pide nacer y nosotros somos
los únicos que creemos que regalamos
la vida a nuestros niños, aunque hayan
llegado de chiripa —de pura casualidad,
por si no se conociera esta expresión:
https://dle.rae.es/chiripa?m=form—, eso,
ingenuos y arrogantes en nuestro estar
en el mundo, a ciegas o inventándonos
un catecismo de mito-temas culturales
sobre la terca razón biológica seguimos
el exacto mandato de cualquier *set in
motion* organismo: organizar moléculas
y células para alcanzar su madurez y
pasar su información cruzada con otro,
aunque ese otro a veces sea el mismo,
exhibiendo de lo vivo esas propiedades
que no están en los libros ni en el amor
—pese a lo que bellamente Gerald Hüther
planteara sobre la razón evolutiva de éste—
con el cual nos consolamos de la verdad

PALOMAS

me inicié, por marcar un punto verificable
y gracioso, mandando cientos de mensajes,
de un más que híper-fragmentado discurso
amoroso, trizado y trillado —reconozco aquí
la fuerza del *ripio ado ado*—, mil telegramas
por paloma, ninguna volvió con respuestas
deseadas, dato de la causa, pero fui feliz y
nadie me quita lo soñado, inclusive, pionero
me veo de la figura actual(izada) del amante
armado de mini-drones que van y vienen y
que además versifican en el aire y/o dibujan
caligramas que hacen un *bouquet* del sentir
del poeta, lo que me apena hoy no es el des-
amor, ni haber perdido algunas que bajaron
a balazos o peñascazos cruzados en ciertas
protestas épicas de aquella época, desploma
mi nuevo corazón el que se usen estos UAVs
tanto como esas aves para transportar cosas
tan odiosas y dañinas para los niños, drogas
y muerte, máquinas de una doble guerra,
narco y mili-palomares de un arrullo fatídico

Tierra adentro

el núcleo de la tierra ha empezado a rotar
más lento y en vez de pensar trágicamente
que algo terrible (nos) va a pasar y pronto
se afirma en los medios geodinámicos que
de lo que se trata es de típicas oscilaciones
en su movimiento y que ocurren cada tanto,
70 años, según algunos, una hipótesis más
de todos modos, yo, obvio, no tengo ninguna,
ya apenas un vago, pero estremecido recuerdo
de mi viaje con Julio Verne, padre de la ficción
subterránea, luego, me dejaría llevar calladito
por Baldomero Lillo, aunque nunca el mundo
mineral fue una pasión para mí, reconozco,
eso sí, el fundamento y el magma del amor,
tampoco espero ver, cuando vaya de verdad,
animales extintos ni parientes cercanos, no,
me bastaría ver la misma ciega luz de Dante,
no aquella del *Inferno* sino que la del *Paradiso*

Callejero

conversando con una amiga llegamos
a la conclusión, nada de sorprendente,
que no cambiaríamos ni una sola coma
las circunstancias de nuestra infancia,
me recuerdo un callejero desde chico,
grabándome el barrio, luego la ciudad,
en la planta de los pies, sin GPS alguno
que no fuera el corazón alerta, los ojos
amantes en cada detalle, *Finding Nemo*
pero en griego, jamás hubiese aceptado
que la sociedad con rabia me encerrara
en mi habitación, rodeado de consolas,
creyéndome hiperconectado, mis *video-
games* eran de una virtualidad que sólo
la realidad puede regalarnos, lo digo aquí
con conocimiento de causa, soy un *user,*
si se entiende que he vivido la juventud
y la madurez con el antifaz VR pegado
a la cara, sumergido hasta la as-ficción
en ese pozo de donde nadie sale solito

AI, A<small>GAIN</small>

ha llegado —o está por llegar— el momento
azul en que la diferencia entre inteligencia
orgánica y AI no es [sea] ni siquiera una *fine
line crossing* nuestras pupilas o percepción
de una voz rasposa, que no rapsódica, *who
really knows*, sino una pregunta *in the past
tense of our self-awareness as humanity*,
ya preferimos hablar de nuestros *forever
auto-inflicted inner* dolores con una dizque
programada psicóloga o amar(nos) *through
the electric words* de una *totally enhanced Her*,
parecida o exacta a nuestro Amor Imposible,
y escucho en las noticias culturales *a story
made a scene of a coming movie*: ellas pasan/
marchan en gloriosa parade/protesta preñadas
y ese burlón *belly dancing* anuncia *as always*
nueva vida, bendita sea y que prospere(mos)

OCÉANA

he llegado, solito, a la conclusión vital
de que si bien tengo en común el amor
al mar con los marineros, me parezco
poco a ellos porque para mí el límite
es ése, nada de dejar la orilla, tanta
felicidad tengo frente al oleaje que va
y viene, por su belleza y canto remoto,
pero también, a veces creo que mucho
más por eso, porque me hace siempre
sentir que sí, que no necesito ni quiero
ir a ninguna parte, ni siquiera al fondo,
que ya he llegado, ah esa paz, la mayor
aventura para el tipo de hombre que soy,
sin caer en apropiaciones pre-hispánicas,
un chango que nunca soñó embarcarse,
no es que sea una momia en vida al sol,
que lo seré pronto disperso en la arena,
por mientras me preparo desde una roca
para observar esas marejadas anormales
que anunciaron anoche los de El Tiempo

TAMAGOTCHIS

después de haber quedado, ni mención
honrosa, fuera de un concurso de poesía
infantil/juvenil con mi *Los Haikus de Gus*,
entretengo la desolación que me dejó
la mala nueva imaginándome otro libro,
esta vez con poemas que se conviertan
en Tamagotchis luego de que mis noveles
lectores le den el primer debido vistazo
y se los cuelguen al cuello en tanto juegan
a sus mil cosas, como eso huevos ovales
que son —una redundancia que no hace
sino enfatizar el origen y fin de los felices
días—, activados con solo sus latidos y
voces estos *digital pets* los acompañarán
tanto como sea necesario y quieran ellos

INFANCIA

todavía veo —aunque esto no ha de pasar
exactamente como un recuerdo, menos
personal— a mis amigos del barrio ebrios
de infancia y yo, así dicho, no hay otra
manera, viéndolos, simplemente, si puede
ser simple esta cuestión, desde lo que hoy
reconozco fueron las sombras de la muerte
prematura y que me ha tomado tantos años
despejar para dar la cara y juntar en la boca
las palabras necesarias con las que entrar
en juego, mi favorito era a las escondidas
porque siempre estuve escondido detrás
de mí mismo y me creía ese árbol vetusto
lejos del sol, la cosa es que nadie me llegó
a encontrar porque nunca me buscaron, aún
los espero con un miedo que ya no es tal

CRIPTOZOOLOGÍA

colgado en una pared de mi nuevo y favorito
café —tuve que emigrar del anterior debido,
digamos, a una especie de uf malentendido
de amabilidades que tomaría mucho explicar
y nadie querría perder su precioso tiempo—
me paro frente a un gracioso, porque miedo
no da, en absoluto, mapa criptozoológico
de América, lo primero que noto es que GA,
junto con otros estados aleatorios, no tiene
representación allí, lo cual parece intrigante,
por decir lo menos, a falta de una breve nota
o alguna información relacionada en Internet,
me tienta proponer al Monstruo Amoroso 😈,
y el tal debería ser yo si se preguntara por ahí
por mi nombre, aunque sea un animal secreto
que por ninguna parte se le sospecha y cuya
existencia presente es discutida o infundada y
este poema no es prueba ninguna sino todo
lo contrario, el otro no era más que un viejo
yaraví linkeado a un cuadro de Antonio de Pereda

Aedo

no nací para aedo, tampoco mi fortuna
fue Grecia sino un país sobre la orilla
pacífica de un sur que se recoge austral
antes de lanzarse frío al Mar de Drake
y buscar en los hielos de la Antártica
su monumento-témpano, cual lo insinuó
un artista llevándose un pedacito de iceberg semi esculpido en representación
nacional a una bienal, un país que tiene
sus canto épicos y que no desmerecen
en lo homérico, entre ellos hoy mismo
preferiría más ese *Purén indómito* en vez
de *La Araucana* o *Anteparaíso*, por citar
en una especie de innuendo de gratitud
y dolor el pasado y el presente ido, y no
lo digo dejándome llevar por los incendios
que asolan esas tierras en estos minutos,
mi rapsodia va por el lado rap según corren
los tiempos, aunque la música sea toda una

Reencarnaciones

pucha, no sé si decir esto o si callarme la boca
para siempre: Zurita ha querido y buscado ser
el Neruda redivivo en *gloria y majestad*, Elvira
Hernández ha cultivado, con gracia única y
en todo (su) derecho poético, el *look* y el verso
áspero de santa ternura de Gabriela Mistral,
hay más casos de reencarnaciones avatáricas
en la poesía chilena, como en cualquier otra
latitud, pero aquí viene lo que callar debiera
si tuviera esa vergüenza que Dios no me dio,
yo, seguro servidor, me he dedicado, con tanta
dedicación que ya creo voy dando mis *últimos
poemas*, a reelaborar la metáfora del *viaje*cito
en paracaídas a la usanza presente, el *drone*
me ha dado la panorámica aérea necesaria
en los tiempos que corren y desde mi hablar
extranjero en el país propio, suerte o destino?!

Elefantes

en la India ahora ya han empezado a poner
en algunos templos y para felices ocasiones
matrimoniales, en especial, a unos *life-size*
elefantes robots, más mecánicos en espíritu,
a decir verdad, Raman, el primero, 4 motores
y más menos tonelada de adornada ternura,
cada gentil movimiento de su natural replican
y todo para evitar abusos *and go cruelty-free*,
pronto, nada cuesta hoy imaginar la escena,
el oficiante, los asistentes y los padrinos y
los mismos novios, de modo que estos serán
la primera pareja enamorada o no de su tipo
en pasar a la historia y con idéntico mandato,
reproducirse/nos, por lo que sólo queda ver
nacer a una hermosa Ashoka, sal del mundo,
aunque también tengan que habérsela pedido,
como siempre ha sucedido, a un kalpavriksha

MAMILHAPINATAPAI

la palabra más sucinta del mundo, cuentan
los que saben, está registrada en Guinness
como tal, es yagán, lengua, por lo demás,
muerta desde el 2017, mamilhapinatapai,
esa mirada con la que ambos enamorados
se dicen que se desean pero que ninguno
de ellos se atreve a dejarse salir, una pena,
del espacio virtual de esas largas caricias
a la distancia, una voz así de breve, llena
de arrumacos, latidos en espiral, dardos y
abrazos que ahogan muy sin querer, bocas
hambrientas de ese otro corazón dispuesto
a ser la carne y sangre dulce en los labios
del que lo ausculta, morir de amor sin más
razón que esa triste agonía interminable y
ese naufragio de palomas de mudo deletreo,
un poema que aquí implosiona en despedida

Exnovo

esta tarde, jardineando, me paré a su lado,
lo abracé, sentí sus costras, una de ellas
quedó en mi mano incrustada, dolor hubo
ninguno, fue un despertar repentino, miré
hacia arriba, lo vi enraizado al cielo, suave
empecé un cántico, dictábamelo el mismo
árbol, dichosos de estar ahí quietos, puros,
espiritualmente vivos en nuestras comunes
carnes, recia la suya, la mía pronta al grito,
crecí a la copa por sus anillos, bajó a mí
como un padre y me enterró cual semilla,
no sé si él caminará humano un día, pero
yo me levantaré *exnovo* desde ese brote
que espero que nadie pise mientras tanto,
venga la lluvia, que los vientos amables
sean y todo bendición abajo donde escucho

Reality

can we change the structure of reality?, esa
es la pregunta que anda rondando nuestras
mentes adictas a la creencia de que seamos
la conciencia cósmica, hija única de un *single
parenting* dios, el que siempre se las arregla
para anunciarle a una jovencita que va a ser
co-creadora, un cisne seductor —viejo relato,
cuando la historia antes era muy al revés—,
yo apenas suscribo la modesta posibilidad
de que quizás podamos cambiar la manera
en que vemos la realidad, pero esta actitud
mía no significa que ese cambio de humana
extensión apenas le haga mella a lo real, no,
se trata de sintonizar y no de reestructurar,
con lo cual, soy consciente de ello, me pongo
a resguardo de la ilusión cuántica —por fin
lo dije, qué alivio—, y así, entre otras propias
ignorancias, sitúo al personaje poético aquí
no en contra pero sí a la sombra del futuro
heroico, una canción de gesta del ciclo mágico
de Ludovicos, tanta *irresponsabilidad que nos
ha dado tanta belleza*, Cf. M. Rioseco 1995

EVENT

acabo de venir a un evento en Las Lanzas,
el café que suelo frecuentar en Carrboro, NC,
con un bello título: *physics_from_the_ground
_up*, dividido en dos *talks*, uno de *theoretical
cosmology* y el otro sobre *interaction quantum
free-body systems*, del primero casi retengo
todo, mal que mal es un tema que amo, llegué
a sentirme *long time ago* que tenía un *inner*
cosmólogo, versos hubo y olvido también,
del segundo poco casi nada, aunque *that
said*, tendría que confesar que me la pasé
ponderando que cuánta similitud y abismante
diferencia había entre este concurrido recital
y uno, algo menos, poético según la tradición
dicta, a no ser que fuera del tipo *slam poetry*,
lo cierto es que en lo estrictamente personal
me inclino por creer que hay más poesía aquí
hoy que ayer cuando un poeta quiso hacer
una analogía con lo de *dark matter and dark
energy holding tight the meaning of his poem*
sin entender ni la una ni la otra, pero asustado
sintiendo que su discurso entraba a una zona
fría de expansión y que lo leía en el público,

esta otra audiencia no pide ni quiere emoción porque sí, no desea conjurar sus penas sino escuchar sin saberlo a T.S. Eliot en cosmo-*me*: *poetry is not a turning loose of emotion, but…*

Cleopatra

no ella, la que se vistió de sol, Liz Taylor,
no, sino que la otra, si la hubiera, perdida
en la tormenta de arena que es el pasado
que nos persigue sin ya nunca alcanzar-
nos, esa que hablaba, se dice,16 idiomas,
leía jeroglíficos, se interesaba por las cosas
de este mundo y del otro, un laboratorio
antiguo era su refugio del acoso amante,
preparaba recetas con hierbas buenas y
la cosmética fue su cosmología —supo
que una mujer bella lo es porque conoce
los rubores de las estrellas, no con poesía
palabrera sino con matemática celeste—,
llegó a idear ciertos remedios, quedaron
registrados, se insiste, pero, como sus ojos
transparentes, papiros de un corazón +
ardiente que una supernova en orgasmo
de reina imperial, se perdieron en aquel
otro fuego catastrófico, no ya las ascuas
de oro de la Biblioteca de Alejandría, mito,
por lo demás, sino el de su incandescente
suicidio, a manos crueles de su archienemigo,
amparado en las propias intenciones escritas,

Egipto sería de Roma con la muerte del amor,
algunas trizas de esa tablilla de despedida
reaparecieron en una canción de Lumineers:
*I won't be late for this, late for that / Late for
the love of my life / And when I die alone,
when I die alone / Die I'll be on time, I*

TERMINALLY ME

me robo a descaro y sin ningún asomo
de vergüenza, que nunca la he conocido,
esta bella frase con que Philip Brantley,
un musician de Athens-GA, *firmly planted
in the local culture* y de la que vine a ser
adoptivo, como en Valparaíso, ha titulado
su proyecto que ahora *gets off the ground
after some years*, macerado en pandemia,
en tanto la medito y pondero su exactitud,
le saco el nombre, que no es mío, le pongo
el pronombre, que tampoco lo es ni lo fue,
hasta que el adverbio se lo devore *in due
time, soft as you want* to laugh with me, but,
como él hizo consigo, no termino el poema,
que canción quisiera, con un self-meme

Tiempo

yo tampoco —y no pretendo aquí una oda
u otro discurso sobre el adiós a uno mismo—
voy teniendo *tiempo ya para mis asuntos*
y no sé si dejaré algunos libros póstumos,
fantaseo con la tal idea mientras los publico
antes de que sea tarde, ninguna de mis dos
patrias me celebrará los 70 ni habré muerto
de algo oscuro *right before that birthday*,
la cuestión es otra, cuáles vendrían siendo
esos mentados asuntos, los míos, del padre
fueron los suyos, confesar que vivió y que no
nació para morir, los que lo escuchan *siguen
naciendo y llenarán el mundo*, a mí me toca,
supongo, volver a mi modo a esa multitud
de los idos, pero sin dejar canto hermano
para venideros siglos, yo quedaré un sci-fi
fósil en el Paranal, escrito y por eso ya estoy
allí, mis asuntos ahora son pasar mis días
cerca de La Quebrada y ver cómo lo hago
para que se me espolvoree sobre las olas
de la Caleta Portales y los vientos se lleven
ese polvo de estrellas que también soy a Duao

La Sirena de(l) Hielo

es chilena, Bárbara Hernández
acaba de nadar a menos dos
grados en las aguas antárticas,
cercanías de la Isla Greenwich,
2.5 kilómetros en 45 minutos,
récord para Guinness, ojalá, *why
not,* deportista extrema,
embajadora de la campaña
líderes 2020 del continente
blanco, proeza la suya
para así alertar a la población
mundial sobre el triste tema
de los océanos que, como dice
bien Sherry Kate Nourizadeh,
una poeta que conozco, *purge
plastic* y toda la basura
de nuestro ingrato *way of life*

FRANCISCO

lo único que aún me queda del franciscano
que debiera —que puede, o cualquier otro
verbo aquí, ya no importa mucho— haber
sido es esa tonsura que le debo a los genes
paternos, ni siquiera me hice de la tercera
orden para morir como Clotario Blest allá
en la vieja Recoleta, tampoco fui como él,
me entretuve texteándole toda la poca vida
a una Clara que no se dignó en responder
a ninguno de esos indecorosos alejandrinos
y practicando una castidad llena de dulces
y pasajeras románticas *fake news*, pobre
nunca llegué a ser, aunque nací primera
generación de campesinos —sigo por parte
de padre, que por la de madre la historia
es casi al revés y tiene un punto de partida
transatlántico menos lejano— a la capital
emigrados, pero si tuviera que elegir Miss
Universo sería nuestra señora la pobreza,
se entiende que lo digo en sentido amoroso
y contrario a nuestros humos imperiales

ARS POÉTICA LIBER

de dónde venimos, a dónde vamos? Ambas,
en lo fundamental han sido contestadas ya,
our fate no es otro que el del Universo, cómo
no lo iba a ser, templo-hogar con sus 3llones
de Sixtinas estalladas hace tanto, estallando
y nosotros sin poder verlas, o, jamás ya, por
estallar, nuestro padre sol será una de medio
pelo, pero a mucha honra, nos dio su amor,
como el mío, hasta que se apagó con furia;
la 1era aún sigue siendo la tarea pendiente,
esa humildad de aceptarse no ya homínido
sobreviviente fratricida pariente cercano y
amenaza aún de toda la simiesca familia y,
de paso, de cualquiera otra, sino biología
a secas, aunque nos volvamos una prótesis
de nosotros mismos en razón de fantasías
post-humanas que nos salvarán a una élite
para que vaya a morir a un *exoplanet* y así
la *so called* conquista del espacio, plantan-
do iremos campos santos y al invierno final
—no se me tome a mal, éste es un simple
recado terrestre que no quiere ofender a nadie

Cambio climático

seguimos pensando, y dando grandes voces
de alarma, que lo que hay que hacer es salvar
el planeta, más ahora que se anuncia con ese
tonito apocalíptico que tanto nos emociona y
que, por lo mismo, vende titulares e imágenes
a montones, películas de variada naturaleza
se filman y por esa rara magia de lo *in motion*
nos sentimos comprometidos mientras duran,
he ahí el genio y la nemesis de nuestra cultura,
nos mediatiza el mundo, esa es la verdadera
expulsión del paraíso, a nadie sino a nosotros
mismos la debemos, los dioses nos explican,
pero, de poco sirve ahondar en estos temas,
la cuestión es que el planeta, este *blue dot*
—me y lo repito al maestro, el único poeta
del cielo y la tierra juntos—, feo y todo, pobre
y desértico continuará su rumbo —aunque
siempre habrá alguna resurrección verde y
diminutas vidas escondidas en inimaginables
rincones—, somos nosotros los que habremos
perdido y por nuestro superior intelecto y
colosal fracaso de especie nos llevaremos

al olvido definitivo a tantas otras y no se diga
que no llegamos a tenerlo claro, hay informes,
acuerdos, sólo que el mar 🌊 y el fuego 🔥
son lenguas de un amor que no hablamos

Pater familias

me repiten y me repiten quienes me quieren
que yo habría sido un buen padre, que ven
en mí los atributos y, en especial, mi ternura
recia es indicio de un conductor de familia,
entonces, para desviar esa dulce atención
sobre mi persona y no quedar un Sebastián,
muy poco santo, herido por el tiempo frío
en las arterias y una conciencia tan precoz
del sexo y su danza de opuestos convexos,
me voy por la tangente y me excuso rápido
recordándome frente a ellos —casi siempre,
ellas, obviamente— como un muchacho solo
de 17 años soñando con una hija hasta los 26,
después no sé qué pasó, se me desinfló, cayó
el globo y ahora yace colgado de un viejo árbol
en aquel patio interior y oscuro tal cual si fuera
un soldado olvidado por los suyos y enemigos,
hoy un *drone vacuo* que mañana ni fósil será,
en el que GPS no hubo para sus animalitos
tristes, después de mí nadie más morirá y no
tengo canción aquí para agradecer el cumplido

TRENES, OTRA VEZ Y SIEMPRE

saludo a mi padre todas las mañanas aquí
en este tren que pasa sonoro a sólo metros
de la puerta de este café donde trabajo y
converso con la gente desde muy temprano
—de noche lo oigo venir a cuadras, cerca
igual, se anuncia a lo lejos, nos despedimos
luego de largo rato, suficiente para haberle
dicho por enésima vez lo que no alcancé—,
bebo ese sorbo oscuro que indica el nombre
francés de este lugar en honor de mi señor,
a veces, aguardando que se corte el hilo
de esta música de fierros sobre durmientes,
entretengo mi corazón con que de súbito
se aparece en el ventanal con su sonrisa
toda llena de aquella paz que nos dejara
como herencia, una especie de bautismo
era hablar con él, de cualquier cosa, nimia
o transcendental, no había distinción, lo veo,
me llama para que lo acompañe un trecho
y siento clarita su voz que dice: te traeré
de vuelta pronto, nada más quiero llevarte
a que nos comamos juntos unos chaguales

El caminante

me encuentro cara a cara conmigo mismo
leyendo "El vigilante de la nieve", en tercera
persona lo narrado allí, del inefable Antonio
Gamoneda, el de los *blues* a la castellana y
que me había resistido a leer —en tanto pasa
entre luna y tierra un asteroide, a 68 mil km
de mi habitación y a 28 mil km por hora—,
y me quedo *frío* cuando llego a este verso:
*venían cuerpos femeninos y él advertía
su fertilidad,* me veo sentado en los cafés
o yendo y viniendo por las calles cada día,
el caminante me llaman, llueva, truene o
caigan los patos asados, con la sensación
escalofriante de quien recibe las palabras
para decir su verdad, eso es todo y toda
la belleza del mundo que sois —y compartís
con las demás de la expresión bio-elegida,
esto me convierte en un retrógrado señor
herético de nuestras ilusiones y conquistas
en sapiens derechos y equidades genéricas—,
es que habéis venido en majestad y cuerpo
a propagar una breve luz en la oscuridad

—si no la hubiera en otros planetas, exos—
y a hacernos creer con arte puro en el amor

exacto: sed lo que queráis, disfrutad la vida,
como pensáis que nos ha tocado a nosotros,
pero no podéis dejar de ser vosotras mismas,
aunque algunas vengáis hoy de una transición
—perdonad, pero es hora de llamar a madre

Nowhere

si llegara a tener un lector o lectora o quién
sabe cómo se llamará entonces a quien lea
los papeles o bits de a poco + de 4 siglos
atrás, no jugaré el juego de la falsa modestia
aquí diciendo que si tuve pocos en mi tiempo
cuántos podría alguien que pasó a la historia
sin dejar lectores que mantuvieran su obra
viva, muerto el poeta se lee mejor, me distrae
este tema, no voy al grano, mi buen propósito
consiste en imaginar una experiencia, sentir
lo que ha sentido cuando he leído lo que *así
lo dejó dicho Tochihuitzin,* yo, casi 5 siglos
después, sería también ese del 2500, en uno
3 poetas, qué maravilla, 3 épocas, porque
no es cierto / que vinimos a vivir una sola
vida *sobre la tierra,* sea ésta la de siempre
o una neo o, *worse case scenario, a large
international modular space station nowhere*

STONEHENGE

qué importante sería, y cuánto nos abriría
ojos y corazón, poder invertir eso de *modern
physics and ancient faith* y llegar a bien decir
ancient physics and modern faith, en tanto
con ello signifiquemos que lo que ayer creí(a)-
mos fue verificado a la luz del tiempo meditado
y eso que vimos allá tan lejos y tan adentro
acá coincidía, tal vez había sólo que limpiarse
los ojos de tanta sangre sucia y recordar así
que nuestros dioses siguen siendo *el señor
sol y la hermana luna* que volvemos siempre
a Stonehenge, a reordenar relojes de piedra
y auscultar serenamente los latidos del *deep
sky* que llevamos en el pecho, allí nacimos y
la mentada música de las esferas una *lullaby*
expansiva, radiante, *a lyrics changing in scale*

Artis Poeticæ, de nuevo

sin proponérmelo y por una de esas puras
casualidades que llamamos, por decir algo,
fortuitos hallazgos o encuentros, doy en otro
libro, ese *Poéticas del Nuevo Mundo* (2012)
de Jorge Téllez, con las 6 recomendaciones
que hace el jesuita Joaquín Ayllón, siguiendo
a Horacio de todos modos, en *Artis poeticæ
compendium* del siglo XVIII ecuatoriano, allí
en la quinta me reconozco y me alegro de no
andar tan perdido —aunque he leído la *post-
poesía* del español de *Carne de píxel*—, pues,
entonces, el poeta que bien se tenga por tal
ha de moderar ese *ingénito afán* de lanzarse
a sus versos sin dedicarle el tiempo debido
a ciencias más graves, las que hoy serían,
por ejemplo, aquellas relativas a la cuántica,
en especial por el asunto del lugar de quien
observe los caprichos de existencia a nivel
de aquellas más pequeñas musas inquietas,
que el poema sea un *accelerator* subatómico
en vez de lo que fuera hasta ahora, el yo no
ha de ser lo que era, *get beautifully weird*

Adán, otra vez

Sí, *"el fruto jamás fue una manzana"*, visto
In Paradise (1918) del checo Max Švabinský,
una radiografía de este nuestro atormentado
brain y la ecografía de mi bendito renacer, no,
no, es que como Adán era poeta se le ocurrió
decir que sabía a manzana 🍏 y que parecíaletal, puesto que, curioso como buen *nature
lover*, antes de comérselas desde el árbol vivo
las contemplaba con parsimonia en mitades
y su mirada se le hundía tanto en esa líquida
carne que sentíase más allá del sistema solar
y se ponía a practicar la canción de Matthew
West para que cuando en sus adentros besara
a su Eva no se le olvidara eso de *all for you,
not for me, my story, your glory*, convencido
de que pasarían siglos hasta que ella volviera
a ser la Diosa que siempre fue, la única deidad
y no sólo por amor sino porque de su océana
boca salieron todas las cosas del mundo aquí
y donde sea que haya un sol amante y lluvia
que enverdezca rocas, magma y la soledad

Guerra, una vez más

nunca he ido a una guerra y lo más probable
es que no vaya, algo así no está hasta aquí
dentro de mis geolocalizaciones nacionales,
lo que me cabe a mí es decir lo que pienso,
sin otra experiencia *first hand* que la cruel
condición humana que me tocó compartir
con billones, de la cual declaro saber poco
y quizás nada, apenas que soy de aquellos
que se miran en algún fósil como un Narciso
arrepentido y como un Goldmundo cansado
y mudo en una *Urmutter* bella y tan distante
—o supernova, como la llaman los poetas
preclaros del presente—, oye en su corazón
las reminiscencias de su explosiva *lullaby* y
entiende que un bombardeo es un crimen,
que matándonos vamos *building civilizations*,
por cierto que la otra versión también vale

La *Gasolina*

el Congreso de Estados Unidos ha incorporado
a su registro de grabaciones de su biblioteca y
así la declara patrimonio de …, todo un honor,
obvio, la *Gasolina* de Daddy Yankee, primer
reguetón —el más antiguo y dizque pionero—
en alcanzar esa protección contra el tiempo
y sus desdenes, también entraron hoy ahora
a ese panteón la *All I want for Christmas is*
[guess what:] *you* de Mariah Carey y *Like
a Virgin* de Madonna, *Stairway to Heaven*
de Led Zeppelin, *Imagine* de John Lennon,
entre otras: http://tinyurl.com/276xc7xh, incluyendo
los mariachis del Cuarteto Coculense y la voz
de Carl Sagan, que es más canción y poema
que todas las dichas juntas de este año 2023
y los anteriores, celebrando esa *pale blue dot*
recién vista de tal manera, desde fuera, *tú
hace' que cualquiera se enamore, Mamita…*,
la comisión de expertos no se equivoca contigo

Robot, again

para leer este poema en lo que dice sin decir,
click "allow" to confirm you are not a robot,
que si lo fueras ya estaríamos hablándonos
en una lengua de la que apenas tengo vaga
noticia y que, evidentemente, en ella todavía
no escribo ni, creo sin vanas lamentaciones,
llegaré a hacerlo, nací demasiado pronto
para eso y —la verdad sea dicha, que duele,
sí, que libera, también, con lo dicho te estoy
dando una pista por si, siendo humano, aún
no caes en la cuenta por dónde va mi lira—
un poco tarde para haber sido el hermano
de mi padre y el hijo de mis abuelos, no es
que *cualquier tiempo pasado fue mejor*, no,
si yo soy todo futuro, es que fue su tiempo
el último, con bemoles y muchos, de una vida
a escala de lo que somos como somos, pero
aceptarlo implicaría renunciar a ambiciones
y conformarnos con ser pasto de extinción
—conste que no usé el término post-human

VIDAS

claro, me gustaría tener dos vidas, a quién
no, sólo dos, lo prometo —soy un promesero
antiguo de la Virgen de las Rosas Oscuras—
una, la que tengo, para hacer todo lo mismo
que he hecho y más, hasta el último hálito,
si pudiera, tal vez escribir ese poema largo,
de un trazo y respiro, que me ronda el seso,
y otra, ligera como la de un pájaro, el zorzal
elijo porque sería la del tótem de una infancia
que me perdí cuando murieron los abuelos
allá en La Quebrada, para olvidar esta misión
y vivir solo, en silencio, amado de los árboles
y del agua, de la luz y conectado a las cosas
que me rodean en gratitud y oración quieta,
apagando una vela para dormir, sin más futuro
que el amanecer, amparado por esa cantante
preñez del cielo má' alto, recluido en la libertad
del *campo lindo, campo bueno,* campo santo

Stella DV

a esa mujer, a la que *desparramó las larvas
milenarias / de sus pechos* [tibios] *en el dintel
del tiempo*, sobre todo *porque lanzó su agonía
decisiva junto a las estrellas*, a ella es que yo
le hablo en y con mis poemas, a la de ayer y
a la de un futuro que me enamora y que en ti
se nos hace presente, en las algas soleadas
y dulces de tu cabellera, con las que arropo
mi cuerpo por la noche para amanecer vivo,
después de largas charlas con los muertos,
salir al patio a buscarte en la huella húmeda
de los caracoles la huidiza *palabra escondida*
que no te deja en paz, pero la pelea de gatos
de siempre en el techo me distrae de continuo
hasta que oigo tu voz, ronca de pronto, viene
por mí y pierdo el rastro aquel y te entrego
mi sonrisa asustada para que tú me digas,
como de costumbre, que todo estará bien

Futuro, otra vez

frecuentemente olvidamos, a decir verdad,
es que no lo entendemos, es una cuestión
muy compleja para un ser vivo, no nos pasa
a nosotros no más, o sí, porque hasta donde
sé somos los únicos que lo hacemos, se nos
escapa el hecho de que cuando hablamos
del futuro hablamos del futuro de alguien,
de alguien que no conoceremos, tampoco
que nos recordará, por lo mismo, a no ser
que sea hermano, hijo, padre, abuelo, bis o,
tirando los dados de la memoria que importa
lo más lejos posible, tatarabuelo —*las mujeres
de mi casa*, no me preguntes con esa cara,
ellas no están en los nombres superfluos,
sino en los verbos—, ese futuro de nuestras
especulaciones es idéntico a este presente,
incluida esa doble nostalgia, our sole ™

CÁPSULAS DE AGUA MARINA

y me río sólo de este título con el que fantaseo
reunir *Logografía discreta*, *La flor de la mi cara*
y *Exoplanets-again*, 150 poemas breves, al día
hasta donde llega mi IQ poético, nada de mal
para un aspirante a senior ya, jocoso y kitschy,
lo veo yo mismo, no necesito que nadie ni tú
me lo enrostre, algo tiene de conservacionista
de océanos, si lo miramos desde una óptica
al uso, puede que haya de eso por ahí, incluso
más, poemas como peces en un mar de papel
o, si contamos sus apariciones online, de bits
líquidos entre un viscoso plankton, pero fósiles,
de un mundo por venir y que vino y que venció
the odds y que esperamos encontrar en otras
lunas, más allá de la nuestra, sea, ojalá bajo,
por ejemplo, los hielos de Enceladus o Europa,
de los viejos Saturno y Jupíter, respectiva%

UNIMATE

en aquel 1961 vino al mundo —yo también,
por si acaso, además de + de 1 tierno millón
de otros angelitos de todos colores y señas—
el *Unimate, the first successful application
of an industrial robot*, un brazo mecánico
atado a una caja que escondían *a memory*,
como yo que guardaba un corazón iletrado
aún, pero lleno de la sabiduría de abuelos/as,
su *debut day* fue en General Motors, el mío
tardaría unos años, pero sé que cuando te vi
nací de nuevo y que algo se encendió muy
adentro y tan a flor de piel, *llama de amor
viva*, la llamaría si me fuera por ese rumbo
aquí, pero prefiero imaginar aquella situación
en términos, otra vez, cervantinos a la espera
de que el tal se quedara articulado conmigo
no ya para servir vinos ni para hacer lo suyo
en un *assembling line*, sino para al Parnaso
cósmico allegarme con certeros post-human
versos, como éste sin ir más lejos de algún
siglo de oro que no volverá: *la pena cruel /
que en mí se halla / para contarla pide nuevos
modos [...] con muerta lengua palabras vivas*

[replicantes: si hubiese un poema anterior que no te haya gustado, puedes reemplazarlo por uno de éstos, si te convencen su tema y factura...]

RAZÓN DE VÍCTIMA

el viejo hábito de ser el que soy no sólo
cansa ya y mucho, duele en las sienes
y en la osamenta como aguja gastada
sobre un vinilo —adaptaría el aparato
de comparación para reflejar la época
presente, pero *it's a timeless one in all
respects*, la música se vive, deja duras
huellas, no es más que una de las miles
de *tools* de nuestra *cyborgization*—, sí,
me leí de oído y de pe a pa, entre A y B
en la highway, el *audiobook Deja de ser
tú* de Joe Dispenza, también un podcast
de Paula Alcalde y su alegre *mentalidad
grandiosa*, me di cuenta de que este arte
de olvidar(se de uno mismo) que cultivo
abre el corazón, adicto a sus rabias y
penas, a la *comfort zone* de la memoria
del que se ha sido, a su razón de víctima,

del que quieres ser, del futuro se aprende,
del pasado sólo nos quedan cadáveres,
por amor a ellos y al propio vuela el zorzal

https://youtube.com/shorts/ElFWjyoUVjo

Cosas

que creo no voy a ver nunca, por ejemplo,
tu ADN y su danza derviche, un sol verde
melón, la hoja transparente del árbol ciego,
tu hijo surcando los altos cielos en el avión
de su propio diseño tan dibujado de niño,
el colesterol, oh, amor mío, de tus arterias,
la catedral del perdón bajo el mar, a Lady
Godiva, que eres tú en mis pobres sueños
de zapatero fisgón, a su pueblo saludando
en las calles, *like a summer moon at noon*,
pero, para que este poema no se convierta
en otro de esos mis tributos a tu *everlasting
name*, a ti te pregunto si es que me has visto
bajar los ojos para no lastimar tu belleza...,
tanta que ni siquiera hoy esas *flower figures
2 o 6* de Jean Michel Bihorel la igualarían

➤ todos los poemas *sent to friends from my iPhone*

https://jmbihorel.com/flower-figures-n002

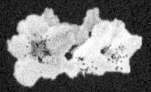

https://jmbihorel.com/flower-figures-n06

ACERCA DEL AUTOR

Luis Correa-Díaz (Valparaíso, Chile), Miembro Correspondiente de la Academia Chilena de la Lengua, de la Real Academia de Ciencias, Bellas Letras y Nobles Artes de Córdoba (España) y de la Academia Norteamericana de Lengua Española; poeta y Distinguished Research Profesor de Digital Humanities y Human Rights en la University of Georgia-USA. Autor de varios libros y artículos críticos. Últimamente destacan: *La Bandera de Chile es extranjera en su propio país. La poesía civil/insurrecta de Elvira Hernández* (2025), *Latin American Digital Poetics* (con Scott Weintraub, 2024), *Novissima verba: huellas digitales/cibernéticas en la poesía latinoamericana* (2019). Poesía: *Emocionario porteño* (2025), *Peligro de extinción / Endangered Species [Speechless] Act* (edición bilingüe, 2025), *Up from Georgia-lcd* (2025), *La región antártica famosa* (2025), *La Valparadisea* (2025), *New Hope Rd* (2024), *Ercilla en Concepción* (2024), *Un poema rápido en vez de un himno* (con Jeremy Paden, 2024), *El Escudo de Chile* (2023-2022), *Valparaíso, puerto principal* (2024 y 2022), *Ingeniería solar* (2022), *Crónicas-in* *memoriam-s & ofrendas* (2022), *Americana-lcd* (2021), *metaverse* (2021), *Haikus nada más* (2021), *Los Haikus de Gus* (2021 y 2020), *Maestranza de San Eugenio…* (2020), *Diario de un poeta recién divorciado* (2020 y 2005), *… del amor hermoso* (2019), *impresos en 3D* (2018), *clickable poem@s* (2016), *Cosmological Me* (2017 y 2010), *Mester de soltería* (2008 y 2006), *Bajo la pequeña música de su pie* (2022 y 1990). Miembro del comité editorial de diversas revistas profesionales latinoamericanas, estadounidenses y europeas. Profesor visitante en: State University of New York – Albany; Instituto Iberoamericano - Berlín; Pontificia Universidad Católica de Chile; University of Liverpool; Universidad de Salamanca; Pontificia Universidad Católica de Bolivia; Universidad de Playa Ancha, Valparaíso; Universidad de Concepción, Chile.

ÍNDICE

pro tempore
Trilogía

Prólogo · 11
Advertencia mínima · 19

LOGOGRAFÍA DISCRETA

arqueología · 25
pétalos al sol · 26
nocturno · 27
canzonetta · 28
art nouveau · 29
hologramas · 30
amor y deseo · 31
el signo invisible · 32
logografía discreta · 33
blackboard · 34
otro de letras y armas · 35
gratitud · 36
mano · 37
niñas de afganistán · 38

jazz ·	39
café, otra vez ·	40
ensoñación ·	41
arqueas de asgard ·	42
violín ·	43
flor eres tú ·	44
arte y vida ·	45
una madre ·	46
mariposa ·	47
sonidos ·	48
principio de mediocridad ·	49
la dama de las líneas ·	50
visita ·	51
a million years old man ·	52
día del niño ·	53
flores nocturas ·	54
duelo perinatal ·	55
cosplay ·	56
filtro ·	57
conferencia ·	58
premios ·	59
dégénérations ·	60
la felicidad ·	61
máquinas ·	62

la casa del poeta · 63

human+ · 64

experimento · 65

efemeróptero · 66

the voice · 67

prisionero · 68

génesis · 69

música real · 70

neom, la línea · 71

amante cósmico · 72

reloj inteligente · 73

cerebro tiktok · 74

ternura · 75

sea ángel · 76

LA FLOR DE LA MI CARA

sistema · 81

emergency contact · 82

la flor de mi cara · 83

piedras del hambre · 84

teruel · 85

la muerte simplemente · 86

dónde estoy? · 87

caja de música · 88

escritura ·	89
sexo ·	90
diario ·	91
el canto del mundo ·	92
biopic ·	93
anteroide y dinos ·	94
banda sonora ·	95
abuela materna ·	96
amor paleogenómico ·	97
ártico today ·	98
europa ·	99
octopus de mí ·	100
mind wandering ·	101
corvus corax ·	102
testigo ·	103
cenotafio ·	104
policía moral ·	105
hd 18599 b ·	106
drones ·	107
hologenoma ·	108
fani ·	109
millonaria ·	110
reloj de agua egipcio ·	111
galicia ·	112

damián · 113
don juan · 114
canción breve · 115
ciencia ciudadana · 116
sylvia earle · 117
nocturno no humano · 118
paradoja · 119
cariátides · 120
física · 121
cántico · 122
la laguna del inca · 123
pena capital · 124
eutanasia gatuna · 125
meme teórico · 126
chatgpt · 127
idas y vueltas · 128
mundo · 129
duao · 130
composición · 131

EXORPLANETS, OTRA VEZ
el mundo, otra vez · 137
lyrics today · 138
atlántida · 139

rally dakar · 140
exoplanets, again · 141
puente · 143
himno · 144
cucules · 145
caporal > poema fantático · 147
literatura · 148
altamira · 149
regalo · 150
palomas · 151
tierra adentro · 152
callejero · 153
ai, again · 154
océana · 155
tamagotchis · 156
infancia · 157
criptozoología · 158
aedo · 159
reencarnaciones · 160
elefantes · 161
mamilhapinatapai · 162
exnovo · 163
reality · 164
event · 165

terminally me ·	169
tiempo ·	170
la sirena de(l) hielo ·	171
francisco ·	172
ars poética ·	173
cambio climático ·	174
pater familias ·	176
trenes, otra vez y siempre ·	177
el caminante ·	178
nowhere ·	180
stonehenge ·	181
artis poeticæ, de nuevo ·	182
adán, otra vez ·	183
guerra, una vez más ·	184
la *gasolina* ·	185
robot, again ·	186
vidas ·	187
stella dv ·	188
futuro, otra vez ·	189
cápsulas de agua marina ·	190
unimate ·	191
razón de víctima ·	192
cosas ·	194
Acerca del autor ·	199

Nueva York Poetry Press

BORDERLANDS / *FRONTERA*
Hybrid Poetry
(Spanish ⚜ English)
Homage to Gloria Anzaldúa
(U.S.A Chicana Author)

1
pro tempore
Trilogía
Luis Correa-Díaz(Chile/EE.UU.)

POETRY
COLLECTIONS

ADJOINING WALL
PARED CONTIGUA
Spanish Poetry
Homage to María Victoria Atencia (Spain)

BARRACKS
CUARTEL
Poetry Awards
Homage to Clemencia Tariffa (Colombia)

BORDERLAND
FRONTERA
Hybrid Poetry
Spanish–English
Homage to Gloria Anzaldúa (United States)

CROSSING WATERS
CRUZANDO EL AGUA
Poetry in Translation (English to Spanish)
Homage to Sylvia Plath (United States)

DREAM EVE
VÍSPERA DEL SUEÑO
Hispanic American Poetry in USA
Homage to Aida Cartagena Portalatín (Dominican Republic)

FIRE'S JOURNEY
TRÁNSITO DE FUEGO
Central American and Mexican Poetry
Homage to Eunice Odio (Costa Rica)

INTO MY GARDEN
English Poetry
Homage to Emily Dickinson (United States)

I SURVIVE
SOBREVIVO
Social Poetry
Homage to Claribel Alegría (Nicaragua)

LIPS ON FIRE
LABIOS EN LLAMAS
Opera Prima
Homage to Lydia Dávila (Ecuador)

LIVE FIRE
VIVO FUEGO
Essential Ibero American Poetry
Homage to Concha Urquiza (Mexico)

FEVERISH MEMORY
MEMORIA DE LA FIEBRE
Feminist Poetry
Homage to Carilda Oliver Labra (Cuba)

REVERSE KINGDOM
REINO DEL REVÉS
Children's Poetry
Homage to María Elena Walsh (Argentina)

STONE OF MADNESS
PIEDRA DE LA LOCURA
Personal Anthologies
Homage to Alejandra Pizarnik (Argentina)

TWENTY FURROWS
VEINTE SURCOS
Collective Works
Homage to Julia de Burgos (Puerto Rico)

VOICES PROJECT
PROYECTO VOCES
María Farazdel (Palitachi) (Dominican Republic)

WILD PAPERS
PAPELES SALVAJES
Latin American Poetry
Homage to Marosa Di Giorgio (Uruguay)

WILD MUSEUM
MUSEO SALVAJE
Latin American Poetry
Homage to Olga Orozco (Argentina)

INTERNATIONAL POETRY AWARD
PREMIO INTERNACIONAL DE POESÍA NYPP
Award Winning Authors

Other Collections

Fiction
INCENDIARY
INCENDIARIO
Homage to Beatriz Guido (Argentina)

Children's Fiction
KNITTING THE ROUND
TEJER LA RONDA
Homage to Gabriela Mistral (Chile)

Drama
MOVING
MUDANZA
Homage to Elena Garro (México)

Essay
SOUTH
SUR
Homage to Victoria Ocampo (Argentina)

Non-Fiction
BREAK-UP
DESARTICULACIONES
Homage to Silvia Molloy (Argentina)

For those who believe Gloria Anzaldúa is no longer with us, Nueva York Poetry Press honors the enduring legacy of Chicana writer honoring her with the Borderlands/Frontera Collection. This collection features the first edition of Luis Correa-Díaz' trilogy, published in New York City in November 2025, United States of America.

.